청소년 지식 시리즈

나의 첫 번째
클래식 수업

청소년 지식 시리즈

나의 첫 번째
클래식 수업

초판 1쇄 발행 2025년 11월 30일

지 은 이 　류인하
펴 낸 이 　김동하

펴 낸 곳 　**책들의정원**
출판신고 　2015년 1월 14일 제2016-000120호
주 　 소 　(10881) 경기도 파주시 산남로 5-86
문 　 의 　(070) 7853-8600
팩 　 스 　(02) 6020-8601
이 메 일 　books-garden1@naver.com

ISBN 979-11-6416-262-8 (03670)

청소년 지식 시리즈

나의 첫 번째
클래식 수업

MY FIRST CLASS OF CLASSICAL MUSIC

류인하 지음

책들의정원

K-팝만큼이나 재미있는 클래식 음악

클래식 음악이라고 하면 가장 먼저 떠오르는 말은 '지루하다'일 것입니다. '요즘 누가 클래식을 들어?'라고 질문하기도 하죠. 청소년을 포함해 대부분의 사람이 대중음악을 주로 즐기는 시대니까요. 하지만 이는 착각입니다. 우리 생각보다 가까이 있는 클래식 음악의 존재를 인식하지 못했기 때문에 오해하고 있었을 뿐이죠. 조금만 관심을 가지고 귀를 기울이면, 클래식 음악이 생활 곳곳에 녹아있다는 것을 알 수 있습니다. 대형 트럭이나 버스의 후진 알림음으로 쓰인 베토벤의 〈엘리제를 위하여〉라든가, 삼성 세탁기 세탁 완료 알림음으로 쓰인 슈베르트의 가곡 〈송어〉는 어떤가요? 예능이나 유튜브 콘텐츠의 효과음이나 배경음악으로 쓰이는 클래식 음악도 많습니다. 그뿐인가요? 블랙핑크BLACKPINK, 아이들I-dle, 레드벨벳Red Velvet과 같은 K-팝 장르에서도 클래식 음악을 샘플링하는 일이 적지 않습니다.

그렇다면 클래식 음악이라고 흔히 부르는 '서양 고전 음악'을 우리는 왜 이렇게 어려워하는 것일까요? 저는 '잘 모르는 것에서 오는 두려움' 때문이라고 생각합니다. 일단 한 곡의 길이가 대중음악에 비해 길고, 가사가 없는 곡이 대부분입니다. 가사가 있다고 하더라도 그나마 친숙한 영어가 아닌 이탈리아어나 독일어, 프랑스어 같은 생소한 언어로 되어 있어 알고자 하는 의욕이 꺾이기 쉬운 상황이죠.

그런데 이런 이유로 포기하기에는 클래식 음악이 가지고 있는 아름다움은 매우 가치 있습니다. 클래식 음악뿐만 아니라, 미술을 비롯한 다른 예술 분야도 마찬가지겠죠. 어려워 보인다고 지레 겁을 먹고 다가서려 하지 않았다면 제가 지금껏 느낀 수많은 아름다움과 풍요와 평화 같은 감상은 없었을 것입니다.

17세기 초부터 시작된 서양 고전 음악의 역사가 오늘날까지 이어진 것은 사람들의 끊임없는 사랑이 있었기 때문에 가능한 일이었습니다. 지금 많은 사람이 대중음악을 즐기듯 옛사람들은 클래식 음악을 즐겼다는 것을, 그 음악 안에 자신들이 노래하고 싶었던 사랑과 기쁨, 분노와 슬픔을 녹여냈다는 것을 잊지 않으셨으면 좋겠습니다.

이 책을 읽기 전, 선입견을 버리고 음악과 음악가의 이야기에 다가가 보기를 권합니다. 음악을 들을 때는 '이 음악을 통해서 작곡가가 사람들에게 어떤 이야기를 하고 싶어 하는지'를 떠올려보는 게 클래식 음악 입문의 첫 번째 자세라고 생각하거든요. 그러고 나서 이 책을 읽으며 작곡가의 삶이 그 곡에 어떻게 녹아있는지를 알아보시기 바랍니다. 이렇게 한 걸음을 떼고, 계속해서 듣고 알아가다 보면, 클래식 음악의 매력을 찾으실 수 있을 거예요. 가장 중요한 것은 '선입견을 깨는 것'이라 할 수 있겠네요.

  아는 만큼 보이고, 보이는 만큼 인지하고, 인지한 만큼 느끼며, 느낀 만큼 알게 된다는 이야기가 있습니다. 클래식 음악을 처음 알아가기 위해 이 책을 집어든 독자 여러분에게 도움이 되기를 바랍니다.

류인하

차례

4 후기 낭만주의 및 민족주의

예술계에 불어온 민족운동의 바람

5 인상주의

모네의 그림처럼 주관적 감상을 표현하라

MY FIRST CLASS OF CLASSICAL MUSIC

1부

바로크 시대

서양 고전음악의 시작

바로크(Baroque) 시대는 1600년경에서 1750년경을 말합니다. 이 시기 예술은 화려하다는 특징이 있지요. 음악사에서도 정말 중요한 시대인데, 장조와 단조처럼 작곡의 기본이 되는 여러 이론이 크게 발전했기 때문입니다. 음악을 통해 인간의 감정을 강하고 직접적으로 표현하려는 경향을 보였습니다. 대표 작곡가로는 비발디, 헨델, 바흐 등이 있지요.

렘브란트의 〈야경〉

비발디

: 가톨릭 사제, 오케스트라를 지휘하다

안토니오 비발디(Antonio Vivaldi, 1678~1741)

비발디는 1678년 이탈리아의 베네치아 공화국에서 태어났습니다. 아버지는 이발사였지만 뛰어난 바이올린 연주 실력을 가지고 있어서 베네치아의 산 마르코 대성당에서 바이올린 연주자로 일하기도 했습니다. 비발디는 10개월을 채우지 못하고 태어난 미숙아였고, 건강이 매우 좋지 않았습니다. 그래서 그의 부모는 아들이 오래 살지 못할 것을 걱정했고, 산파에 의해 급하게 세례를 받았습니다. 당시에는 영아 사망률이 높아서 태어난 직후 사망할 위험이 있을 때 가정에서 긴급 세례를 주는 경우도 많았거든요. 부모의 걱정과 달리 다행히 사망에 이르지 않고 위급한 상황을 벗어났지만, 예정일에 비해 2개월이나 일찍 태어난 탓이었는지 어린 시절 내내 병약했습니다. 아니, 평생 동안 천식에 시달리며 유약했죠. 병치레가 잦은 아들이었지만 아버지는 아들에게 바이올린 연주를 가르쳐주었습니다. 그 덕분에 비발디는 뛰어난 바이올린 연주자로 성장할 수 있었습니다.

비발디는 15세가 되자, 아버지의 뜻에 따라 성직자가 되기 위해 삭발례를 받고 교육을 받기 시작했습니다. 원래대로라면 교육생들은 모두 수도원에 살아야 했지만, 그는 천식 때문에 다른 사제 지망생들처럼 공동체 생활을 하기 힘들었습니다. 그래서 그의 부모는 기숙사 생활 대신 집에서 통학하며 교육을 받을 수 있도록 허가를 받아주었습니다. 비발디는 그 덕분에 성직자 교육을 받으면서도 개인적인 시간을 가질 수 있었고, 바이올린 연주와 작곡 공부도 이어갈 수 있었습니다. 아버지와 아버지의 손님들인 음악가들이 집을 찾아오는 분위기 속에서 사제 수련 기간을 보낼 수 있었죠. 그는 아버지와 친구들이 여는 가정 음악회도 즐겼고, 가끔은 아버지 대신 성 마르코 성당 바이올린 연주자로 나서기도 했습니다.

그리고 비발디는 10년 만에 사제 서품을 받았습니다. 이때 붉은 머리색 때문에 '붉은 사제'라는 별명을 얻었다고 합니다. 서품을 받은 지 1년도 채 되지 않았을 때, 그는 건강상의 이유로 어려움을 호소하여 미사 집전에서 제외되었습니다. 미사 시간 동안 사제는 라틴어로 된 성구를 노래하듯 낭송해야 했는데, 어린 시절부터 시달렸던 천식 때문에 호흡곤란 증상이 나타났거든요. 그러자 교구에서는 미사를 집전할 수 없는 젊은 사제를 피에타 자선 병원에서 운영하는 음악원의 바이올린 교사로 발령냈습니다. 이 기관은 부모 없는 고아나, 사생아들, 혹은 부양 능력이 없는 부모를 둔 여자아이들을 모아 키우는 일종의 고아원 역할을 하는 곳이었습니다. 음악에 재능이 있는 아이들을 거두어 음악 훈련을 시킨 후 연주회를 열어 그 수익금과 기부금으로 운영되었죠.

베네치아에는 피에타 자선 병원 음악원 같은 시설이 4곳이나 있었습니다. 이 기관들은 일요일마다 그리고 도시 축제마다 열리는 연주회에 참여했습니다. 비발디는 자신이 맡은 학생들의 실기를 지도하고 그들이 연주할 곡도 작곡했으며, 직접 학생 오케스트라를 이끌고 지휘 활동도 겸했습니다. 그가 부임하면서 학생들은 그 실력이 날로 향상되었고, 곧 얼마 지나지 않아 베네치아 사람들의 입소문을 타기 시작했습니다. 이후 베네치아를 방문하는 사람들에게 비발디의 피에타 관현악단과 합창단의 연주회가 베네치아 관광 필수 코스로 자리매김할 만큼 실력을 인정받았습니다. 그 명성 또한 전 유럽으로 퍼져나갔고요. 이 무렵 비발디가 작곡한 소나타 곡들이 베네치아에서 출판되었으며, 〈12개의 협주곡〉과 〈화성의 영감〉 같은 곡들은 암스테르담에서도 출판되었습니다. 그 덕분에 비발디는 베네치아를 넘어 이탈리아, 그리고 유럽 전역으로 이름을 알리게 되었습니다.

비발디가 활동하던 18세기 초의 이탈리아, 특히 베네치아에서 가장 인기가 많았던 문화 예술은 오페라였습니다. 피에타 음악원장이 은퇴하고 비발디가 후임 원장이 되자, 이전에 비해 여유가 생긴 그는 오페라 쪽으로 눈을 돌려 작곡을 시작했습니다. 그의 첫 오페라를 공개한 이후 비발디는 매년 오페라를 작곡하고 무대를 제작했습니다. 그리고 얼마 지나지 않아 그의 오페라는 베네치아 밖의 다른 지역까지 진출하게 되었습니다. 이탈리아 내에서만도 만토바, 로마, 프라하, 베로나, 안코나, 페라라 등지에서 그의 작품이 무대에 올랐고, 이탈리아 밖의 다른 나라에까지 이르렀죠. 비발디는 다른 지역으로 여행을 자주 떠나게 되었습니다. 오페라 제작을 위해서였죠. 장기간 베네치아를 떠나 있을 때도 있었고요. 그래서 피에타 관리자 측에서는 그와의 고용 계약을 1년 단위로 갱신하거나, 외부 계약직으로 곡을 구매하는 방식을 통해 관계를 유지했습니다. 처음 부임해 온 이후 37년 동안 피에타는 그에게 중요한 파트너였습니다.

시간이 흐르면서, 비발디의 전성기도 지나갔습니다. 그러던 어느 날, 페라라에서 열리는 축제에 올릴 오페라를 준비하고 있던 59세의 비발디에게 교황의 전갈이 도착했습니다. 전갈의 내용은 페라라에서 오페라를 작곡하거나 지휘하는 일을 금지한다는 것. 교황의 명령을 받은 비발디는 엄청난 재정적, 정신적 타격을 입었습니다. 페라라의 공연을 취소하면서 금전적으로 큰 손해를 봤고, 명성과 경력에도 오점이 남았습니다. 이 사건 이후 그는 오페라 활동에 어려움을 겪게 되었습니다. 설상가상으로 베네치아의 대중들 취향이 변하면서 그의 인기가 사그라들기도 했고요. 고정 수입이 들어오던 음악원 자리도 잃어버렸고, 오페라도 제작하지 못해서 경제적 어려움을 겪으며 살아야 했습니다. 코너에 몰린 그는 그동안 작곡해 둔 협주곡들을 헐값에 피에타로 팔아넘기고 베네치아를 떠났습니다.

그리고 비발디는 빈으로 향했습니다. 신성로마제국 황제 카를 6세를 만나 후원을 받기 위해서였죠. 일전에 황제가 트리에스테 항구 건설 감독을 위해 방문했을 때 만난 적도 있었고, 무엇보다도 황제가 그의 팬이었거든요. 하지만 비발디가 빈에 도착했을 무렵, 카를 6세는 갑작스럽게 사망했고, 그는 새로운 후원자를 찾지 못한 채 극심한 가난과 병에 시달리게 되었습니다. 그리고 63세의 비발디는 빈의 한 여인숙에서 객사하고 말았습니다. 시신은 빈의 빈민 묘지인 슈페탈 묘지에 묻혔습니다.

대표 음악

· 바이올린 협주곡 사계(Concerto for Violin 'Four Seasons')
· 조화의 영감(화성의 영감) Op.3(L' Estro Armonico)
· 글로리아 D장조 RV589(Gloria in D Major)

추천 음악

 엘리자베스 푸크스(지휘), 엘리자베트 브로이어(소프라노), 크리스타 라첸뵈크(메조 소프라노), 잘츠부르크 필하모닉 오케스트라, 잘츠부르크 필하모닉 합창단 - 비발디 : 글로리아 D장조, 리용 번호 589

헨델

: 자유를 추구한 최초의 프리랜서 뮤지션

게오르크 헨델(Georg Friedrich Händel, 1685~1759)

헨델은 1685년 독일의 할레 지역에서 태어났습니다. 그의 아버지는 작센 궁정의 의사였는데, 어린 헨델은 아버지의 일 터였던 작센 궁정에 종종 따라갔고, 아버지의 직장 상사인 작센 선제후*는 어린 헨델을 귀여워 해줬다고 합니다. 헨델은 선제후가 바이올린 연주하는 것을 보고 곧잘 따라 했다고 하는데, 공은 어린 헨델의 재능을 알아보고 그의 아버지에게 음악 교육을 시켜보라고 권했습니다. 헨델의 어머니는 할레 지역 교회의 오르가니스트에게 아들을 데려가 재능을 확인하고 음악 교육을 맡겼습니다. 9세의 헨델은 작곡의 기초가 되

---

* 라틴어로는 'Princeps Elector', 독일어로는 'Kurfürst'라고 부르는 선제후(選帝侯)란 신성로마제국 황제를 선정하는 역할을 했던 신성로마제국의 일곱 선거인단이다. 선거후(選擧侯)라고도 한다. 백작, 공작, 대공과 같이 대단히 높은 직책을 맡고 있었으며, 위계상 신성로마제국의 봉건 제후들 가운데 왕 또는 황제 다음으로 높았다.

는 학문들과 오르간, 바이올린, 오보에 등 각종 악기 연주법
을 배웠습니다. 그리고 13세 무렵에는 이탈리아 오페라와 프랑
스 음악 같은 독일 밖 외국 음악들도 접할 기회를 얻었고요.

하지만 헨델의 아버지는 아들이 음악가가 되지 않기를 바랐습
니다. 음악은 취미나 오락거리 정도로 족하다는 입장이었죠. 베를
린에 머물며 음악을 배우고 있던 아들에게 고향으로 돌아오라는
메시지를 전했고, 고향에 돌아온 아들을 붙잡고 법률가가 되기를
설득했습니다. 헨델은 아버지의 뜻에 따라 라틴어 학교를 졸업한
후 17세의 나이로 할레 대학 법률학부에 입학했습니다. 하지만 대
학에 입학하고 얼마 지나지 않아 할레의 성당을 찾아가 견습 오
르간 연주자가 되었고, 오르간의 대가로 유명했던 뤼베크의 북스
테후데를 찾아가 가르침을 청했습니다. 북스테후데는 자신의 딸
과 헨델을 결혼시켜 자신의 자리를 물려주고 싶어 했지만, 헨델은
오르간 연주자 자리가 비어 있는 또 다른 성당을 찾아가서 정식
연주자로 일하게 됩니다. 그리고 법률 공부를 그만뒀습니다. 정식
으로 음악가의 길을 걷기로 결심한 것이었죠.

다음 해, 18세의 헨델은 함부르크 오페라 극장의 바이올린 연
주자 겸 하프시코드 연주자로 취직했습니다. 당시 함부르크는 독
일 오페라의 중심지로 부상하고 있던 도시였습니다. 그는 극장 연
주자로 활동하는 시간이 아닐 때마다 작곡에 몰두해 첫 오페라
를 완성해서 무대에 올려 성공을 거뒀고, 이때 벌어들인 수익금

으로 음악의 본고장인 이탈리아로 여행을 떠났습니다. 헨델이 오페라로 성공을 거두기 전부터, 귀족이나 왕족 중 예술을 좋아하는 사람들이 그에게 후원을 제안해 온 적이 있었습니다. 제안 중에는 몇 년간의 이탈리아 유학 자금을 지원해주겠다고 한 것도 있었죠. 하지만 헨델은 그 모든 제안을 거절했습니다. 이탈리아의 앞선 음악을 접하는 것은 꿈같은 일이었고, 가난한 생활도 싫었지만, 후원을 받아들이는 것은 돈 많은 고용주에게 재능을 팔아버리는 것이나 다름없다고 생각했기 때문이었죠. 다시 말해 헨델은 역사상 최초로 '프리랜서'를 추구한 음악가였습니다.

헨델은 로마를 시작으로 나폴리, 피렌체, 베네치아 등 이탈리아 지역을 3년간 여행하며 이탈리아의 음악가들도 만났고, 바이올린 소나타를 비롯해 이탈리아풍 작곡 기법을 배울 기회를 접했습니다. 이탈리아 오페라, 칸타타*와 오라토리오** 같은 종교 음악 작곡법도 배울 기회가 있었고요. 그는 여행 중에도 오페라 작곡을 계속해 완성하는 대로 발표했고, 좋은 평가를 받고 성공도 함께 거두었습니다.

25세가 되던 해, 헨델은 이탈리아에서 귀국해 하노버 궁정의

---

* 오라토리오보다 규모가 작고 연주 시간이 짧은, 기악 반주가 있는 여러 악장짜리 독창 및 합창 성악곡. 주로 바로크 시대에 발달했으며 종교 칸타타와 세속 칸타타로 분류 가능하다.

** 무대 장치와 연기 없이, 독창, 합창, 오케스트라로 성경 속 이야기를 들려주는 대규모 음악극. 오페라와 비슷하다.

카펠마이스터*가 되었습니다. 하노버 궁정은 오페라 극장도, 실력이 뛰어난 오케스트라도 가지고 있었죠. 하지만 그의 하노버 생활은 오래가지 않았습니다. 어머니의 병환 소식을 들었고 어머니 곁을 지키기 위해서 고향 할레로 갈 수밖에 없었죠. 다행히 병세는 나아졌지만, 헨델은 하노버로 돌아가지 않고 영국으로 향했습니다. 당시 런던에서 이탈리아 오페라가 유행할 기미가 보이고 있었거든요. 그는 영국에 도착해 첫 번째 오페라 〈리날도〉를 2주 만에 완성해서 무대에 올렸는데, 이 작품은 엄청난 성공을 거두었습니다. 〈리날도〉의 성공은 헨델을 영국 사교계의 스타로 만들어줬습니다. 오페라뿐 아니라 오라토리오와 칸타타 같은 다른 작품도 연달아 발표할 수 있는 기회도 만들어줬고요.

영국의 분위기와 환경, 그리고 자신의 성공적인 활동이 마음에 든 헨델은, 하노버에 돌아가 고용주인 선제후에게 늦은 귀환에 대해 용서를 구하고, 다시 런던으로 가서 활동할 수 있도록 허락을 요청했습니다. 하노버 선제후는 헨델의 명성이 높아지는 것이 자신에게도 좋다고 판단하고, 그에게 두 번째 영국 방문을 허락해줬습니다.

다시 영국으로 돌아온 헨델은 새 오페라들을 작곡해 세상에

---

* 카펠마이스터(Kapellmeister)란 궁정 음악 연주 단체의 우두머리인 궁정 악장(宮廷 樂長)을 뜻한다.

공개했습니다. 영국 왕위 계승과 관련한 전쟁에서 승리한 것을 기념하는 기념곡도 작곡했는데, 영국 왕실도 이 곡을 계기로 헨델을 주목하였습니다. 특히 앤 여왕이 특별히 헨델을 무척 총애한 덕분에 그는 영국 왕실 악장에 임명되었습니다. 문제는 헨델이 영국 왕실 악장을 맡기 전 원래 하노버 궁정의 궁정 악장직도 맡고 있었기 때문에 겸직 논란이 생길 수 있다는 점이었습니다. 게다가 그는 하노버 선제후와 약속한 날짜를 훨씬 넘기고도 돌아가지 않고 영국에 머물러 있었고요.

앤 여왕이 자녀 없이 갑작스럽게 세상을 떠나고, 영국 왕위 계승법에 따라 하노버의 선제후가 영국의 새로운 왕 조지 1세로 즉위하게 되자 헨델은 난감해졌습니다. 새 왕이 영국으로 건너오게 되면 명령 불복종으로 처단될 수도 있는 상황이었거든요.

템스강에서의 헨델과 프레드릭 조지 1세(1717년 그림)

하지만 헨델은 옛 주인의 화를 풀 방법을 궁리해냈습니다. 조지 1세가 자신의 음악을 좋아하고 아꼈던 것을 잊지 않고 있었고, 음악으로 왕의 화를 풀 수 있을 것이라 생각한 거죠. 그렇게 만들어진 곡이 〈수상음악〉 혹은 〈수상곡〉이라고 알려진 곡입니다. 헨델은 자신을 포함한 50명의 연주자를 배에 태우고 왕이 탄 배 근처를 맴돌게 만든 후 배 위에서 이 음악을 연주했는데, 조지 1세가 이 곡을 무척 마음에 들어했습니다. 그리고 이 곡의 작곡가가 헨델이라는 것을 알고 나서 명령을 어긴 벌은커녕, 연간 400파운드의 연금까지 주며 다시 아껴주었다고 합니다. 이후 헨델은 하노버로 돌아가야 한다는 강박에서 벗어나 런던에서 자유롭게 활동을 이어갈 수 있었고, 이따금씩 할레에 계신 어머니를 찾아뵈며 생활할 수 있게 되었습니다. 또 영국 귀족 찬도스 공의 제안을 받아, 공을 위한 음악 1곡을 작곡해주는 대신 모든 편의를 제공받았습니다. 종교 음악 〈찬도스 앤섬〉, 최초의 영어 오라토리오를 비롯한 여러 곡을 안정적인 생활 속에서 완성했습니다.

이 무렵, 영국의 왕족 하나가 헨델을 찾아와 오페라 사업을 함께하자고 제안했습니다. 헨델은 독일 드레스덴으로 건너가 가수들을 데려왔고, 오페라도 작곡했습니다. 10년간 14편의 오페라가 그의 손에서 완성되어 무대에 올랐고, 영국뿐 아니라 유럽 본토에서까지 인기를 끌었습니다.

하지만 이탈리아 오페라 작곡가와 가수를 초청해 와서 성공을 거둔 오페라단이 등장하고 헨델의 오페라단과 경쟁 구도를 이루자 상황이 달라졌습니다. 영국 귀족들은 헨델 파와 이탈리아 파로 진영을 갈라 다투다가 정치적으로 대립하기까지 했습니다. 하지만 오페라 라이벌전에서 웃은 것은 헨델 파였습니다. 영국의 청중은 헨델을 사랑했고, 헨델도 영국을 사랑했습니다. 음악가로서 이보다 더 나은 환경을 찾기도 힘들었거든요. 42세가 되던 해, 그는 영국 시민권을 얻었습니다.

이탈리아 오페라단은 헨델에게 패했지만, 헨델을 싫어하던 세력들은 포기하지 않고 헨델을 괴롭히려 시도했습니다. 중산층을 대상으로 한 풍자 오페라 〈거지 오페라〉를 제작해 성공시켰는데, 귀족을 대상으로 하고 있던 헨델의 오페라단이 위기에 빠지게 됩니다. 악재가 거듭되었고, 결국 그의 오페라단은 해산하게 됐습니다.

이에 헨델은 크게 상심했지만, 새 극장을 설립했고, 새 오페라단을 꾸렸습니다. 그리고 왕성한 창작 활동을 이어나갔습니다. 오페라와 오라토리오를 연달아 완성해 무대에 올렸습니다. 하지만 런던 청중의 관심에서 그의 오페라는 멀어진 지 오래였습니다. 헨델 반대파는 또다시 이탈리아 작곡가와 파리넬리로 대표되는 당대 최고의 가수들을 고용해 헨델을 위기로 몰아갔고, 결국 헨델은 반대파에 자신의 극장을 넘겨주고 오페라단을 해산했습니다. 두 번째 오페라단 해산이었죠.

2번의 실패에도 불구하고, 헨델은 코벤트 가든 극장을 빌려 또

다시 극장 경영에 도전했습니다. 그는 6편의 오페라와 3편의 오라토리오를 작곡해 무대에 올렸습니다. 하지만 이전 같지 않았고, 계속 적자가 누적됐습니다. 결국 그는 파산 선고로 오페라 작곡가 겸 극장 경영자로서의 활동을 그만뒀습니다. 과도한 업무와 스트레스는 헨델의 건강을 해쳤고, 뇌졸중으로 쓰러진 이후에는 반신불수가 되었습니다. 병세가 깊어진 그는 의사의 권유에 따라 독일의 아헨으로 요양을 떠났고 온천을 하면서 기적적으로 회복할 수 있었습니다.

이후 그는 오라토리오 작곡에 몰두하였습니다. 초청을 받아 떠난 아일랜드 더블린에서 헨델 일생의 최고 작품이라고 손꼽히는 오라토리오 〈메시아〉는 24일 만에 완성됐고, 더블린에서 공개되어 엄청난 성공을 거뒀습니다. 이 곡은 지금까지도 많은 사람에게 사랑받으며 많은 그리스도교 단체에서도 끊임없이 연주되고 있습니다.

헨델의 대표곡 중 하나인 〈왕궁의 불꽃놀이〉는 그의 말년에 작곡된 곡이었습니다. 이 곡은 오스트리아의 마리아 테레지아의 황위 계승에 반발해 일어난 계승 전쟁을 중단하는 아헨 평화조약이 체결될 때, 종전 축하곡으로 쓰인 곡이었습니다.

60대가 된 헨델의 건강은 예전 같지 않았습니다. 마비가 와서 반신불수가 되었다가 기적적으로 회복한 건강이었지만 노화를 막을 수 없었습니다. 백내장으로 인해 시력이 약화되며 실명에 가까워지고 있었지만 그는 활동을 멈추지 않았습니다. 오르간 연주도 계속했으며 작곡도 이어나갔는데, 나중에는 혼자 악보를 쓸 수 없게 되자 조수의 도움을 받으며 창작을 계속했습니다.

영국인들이 사랑한 작곡가 헨델은 74세의 나이로 세상을 떠났습니다. 그의 생일을 축하하며 기념 공연으로 헌정된 오라토리오 〈메시아〉 공연을 관람한 지 겨우 2달 남짓 지난 어느 날이었습니다. 그는 세상을 떠나며, 음악을 사랑하지만 어려운 환경에 있는 후배 음악가들을 위해 1,000파운드라는 거금을 남겼습니다. 한때 국왕의 음악 교사이자 왕실 음악가였던 그의 예우에 맞게 장례는 성대하게 치러졌으며, 장례식이 있었던 웨스트민스터 대성당 앞에는 그를 추모하기 위해 3,000여 명의 추모객이 모였습니다.

대표 음악

- 수상 음악 1번~3번 HWV.348~350(Suite Water music)
- 왕궁의 불꽃놀이 D장조 HWV.351(Royal Fireworks music in D Major)
- 콘체르토 그로소 1번~12번 HWV.319~330(Concerto Grosso Op.6, No.1-12)
- 건반악기 모음곡 1권 7번 파사칼리아 G단조 HWV.432(Suite in G minor)
- 건반악기 모음곡 2권 4번 사라방드 D단조 HWV.437(Suite in D minor)
- 바이올린 소나타 제14번 A장조 HWV.372(Violin Sonata in A major)
- 오라토리오 〈메시아〉 HWV.56(Messiah)
- 오페라 〈리날도〉 HWV.7(Rinaldo)
- 오페라 〈세르세〉 HWV.40(Serse)

추천 음악

안드레아스 솔(테너) - 헨델 : 오페라 〈세르세〉 中 그리운 나무 그늘이여

바흐

: '음악의 아버지'의 아버지도 음악가?

요한 제바스티안 바흐(Johann Sebastian Bach, 1685~1750)

바흐는 1685년에 독일의 튀링겐 아이제나흐에서 태어났습니다. 바흐의 고조할아버지는 아마추어 연주자였고, 증조부는 바이마르에서 유명한 거리의 악사였답니다. 조상들로부터 음악적 재능을 이어받은 아버지와 삼촌 또한 악기를 잘 다뤘다고 합니다. 삼촌은 교회의 오르가니스트로 활동하는 음악가였고요. 바흐에게 바이올린을 가르쳐준 것도 아버지였습니다. 삼촌 또한 바흐에게 오르간 연주를 가르쳐주었습니다.

'음악의 아버지'라고 불리는 바흐의 집안을 보면 6세대 동안 음악가가 아닌 다른 직종에 종사한 구성원은 기껏해야 2~3명 정도. 바흐의 아들들과 조카들까지 음악가의 길을 걸었다고 합니다. 이런 가정 환경이니 집에서 음악회를 열고 즐기는 일은 일상이었습니다.

바흐 집안은 대대로 정통 루터교(신교의 한 종파) 신자였습니다.

그래서 바흐의 신앙심 또한 무척 깊은 편이었죠. 바흐의 부모는 아들이 8세가 되자, 교회 부속 라틴어 학교에 입학시켰고, 바흐는 가정의 생계를 돕기 위해 교회의 성가대원으로 일했습니다. 어린 소년이 자신의 음악적 재능과 신앙심 모두를 살려 집안에 보탬이 된 셈입니다. 기껏해야 초등 1학년 정도의 어린이가 교회 합창단 일을 해서 집안 살림을 도울 정도로 경제 사정이 좋지 않았지만, 바흐의 집안에는 음악과 행복, 웃음이 넘쳤다고 합니다.

하지만 그 행복은 오래 가지 못했습니다. 바흐가 9세가 되던 해 어머니가 갑작스럽게 세상을 떠났고, 곧이어 삼촌도 세상을 떠났습니다. 아버지는 아내와 쌍둥이 형제를 연달아 잃자 큰 충격을 받았고, 다음 해에 그들을 따라 이승을 떠나버렸습니다. 아버지가 세상을 떠났을 때, 바흐의 나이 고작 만 10세. 부모의 손길이 절실히 필요한 나이였지만, 고아가 된 바흐 형제들은 뿔뿔이 흩어졌습니다.

막내였던 바흐는 14살 많은 가장 큰 형과 함께 살게 되었고, 큰 형이 교회 오르가니스트로 일하고 있는 오르도르프로 옮겨갔습니다. 형과 함께 살게 되면서 음악의 기초, 특히 작곡의 기초를 배울 기회가 주어졌습니다. 형은 파헬벨의 제자이기도 했거든요. 형은 당대 대가였던 프로베르거, 케를, 북스테후데와 같은 작곡가들의 작품 사보를 많이 소장하고 있었습니다. 바흐는 형이 가지고 있던 작품 사보들을 몰래 빼내서 필사하면서 음악 공부를 해나갔

032
033

고요. 그리고 형으로부터 클라비어* 연주도 배울 수 있었습니다. 이 무렵부터 바흐의 천재성이 싹트기 시작했는데, 어려운 곡들을 자유자재로 연주하여 사람들을 놀라게 했다고 합니다. 성악보다는 기악, 특히 오르간과 클라비어 연주에 관심을 두었고, 오르간에 대해서는 특별하고 각별한 흥미를 가졌다고 전해집니다.

바흐가 몇 년간 큰형 집에서 더부살이를 하는 동안, 형과 형수 사이에서 조카들이 계속 태어났고, 그는 독립을 결심하게 됩니다. 형의 수입은 그대로인데 식구는 늘어난 상황이었으니까요. 바흐는 15세가 되자 북독일 뤼네부르크의 성 미카엘 교회 기숙 학교에 입학했습니다. 그는 가난한 학생들을 위해 지급되는 장학금을 받아 학교생활을 이어갔는데, 교회에서 설립한 학교였으므로 도서관에 교회 음악 사본들이 많았고, 다른 사람의 눈치를 보지 않고 선배 음악가들의 작품을 연구하기에 좋은 환경이었습니다. 시간이 지나 사춘기와 변성기가 와서 합창단에 남아 있을 수 없게 되자, 바흐는 악기 연주자로 자리를 변경하며 교회와 학교에 계속 머물렀습니다.

뤼네부르크의 성 미카엘 교회 기숙 학교에 다니고 있던 당시, 바흐는 학교생활 외에도 지역의 유명 오르가니스트 뢰브와 뵘 두 사람을 만날 기회도 있었고, 라인켄과 북스테후데로 대표되는 북

---

* 건반이 달린 모든 악기를 부르던 말로, 하프시코드나 클라비코드, 피아노 등이 포함된다. 현대 피아노의 이전 모습이라고 생각하면 된다.

독일 오르간 악파의 음악도 접했으며, 함부르크에서 북독일 악파의 노대가 라인켄의 음악을 듣고 큰 감명도 받았고, 이웃 고장인 첼레 궁정 악단의 연주를 듣고 륄리, 라모, 쿠프랭 등으로 대표되는 프랑스 악파의 양식 또한 접하게 됩니다.

기숙 학교 이후, 바흐의 인생은 그가 거주하고 활동했던 장소로 구분됩니다. 일반적으로 아른슈타트와 뮐하우젠 시대, 바이마르 시대, 쾨텐 시대, 라이프치히 시대, 크게 4개의 분기로 나뉘는데, 환경적 요인과 정치적 요인들 때문에 이주하면서 맡은 직책이 달라졌고, 각 시기마다 작곡한 곡의 공통된 특징이 달라지므로 이렇게 구분합니다.

바흐는 학교를 떠난 후 사회에 나와 약 4개월 동안은 바이마르 궁정악단에서 바이올린 연주자로 일을 하다가, 고향인 아른슈타트의 성 보니파체 교회의 오르가니스트로 일하게 됩니다. 이 시기 유럽 사회에서 교회는 사회 공동체를 지탱하는 주춧돌 같은 역할을 맡고 있었기에, 교회의 직위는 사회적으로 중요한 위치라고 봐도 무방했습니다. 가톨릭이라고 불리는 구교와 루터교 같은 신교를 모두 포함해 그리스도교의 의식에서 음악은 중요한 요소였습니다. 음악의 수준에 따라 교회의 흥망성쇠가 결정되는 일도 있었으니까요. 당시 교회 오르간 연주자는 단순히 연주만 담당하는 사람이 아니었습니다. 교회에서 쓰이는 음악과 관련된 모든 일을 결정하는 결정권자이자 대표자였습니다. 오르간 연주는 당연하고, 성가대의 지도, 훈련, 지휘 담당자이기도 하면서 예배에 쓰일 곡들을 만드는 사람이었습니다. 바흐가 65년간 살면서 수많은 교회 음악을 남긴 이유 중 첫 번째는 그가 일했던 교회의 오르가니스트라는 직책을 꼽을 수 있겠고, 두 번째는 그의 두터운 신앙심에서 비롯된 것이라 볼 수 있겠습니다.

그는 자신이 원했던 고향 교회의 오르간 연주자 자리를 꿰찼지만, 바흐가 생각했던 것처럼 모든 게 좋지만은 않았습니다. 교회 내부에서 그를 둘러싸고 끊임없이 잡음이 생겼고, 많은 스트레스를 받았습니다. 스트레스에 치이던 바흐는 휴가를 얻어 여행을 떠났습니다. 그리고 뤼베크에서 70대의 북스테후데를 만났습니다. 앞서 헨델 편에서 이야기했듯이 북스테후데는 자신의 딸과 음악가를 결혼시킨 후, 자신이 사망하고 나서 공석이 될 뤼베크의 교회 오르간 자리를 사위에게 물려주려는 생각을 가지고 있었습니다. 헨델에 이어 바흐도 사위로 삼고 싶어 했죠. 하지만 바흐는 당시 6촌 누이동생과 한창 연애 중이었기 때문에 북스테후데의 제안을 거절하고 다시 아른슈타트로 돌아갔습니다.

아른슈타트 교회 당국은 예정보다 길어진 여행에 대해 바흐를 꾸짖었고, 그는 사직원을 제출한 후 아른슈타트를 떠나 중부 독일의 뮐하우젠으로 옮겨갔습니다. 그는 이 시기에 연애 중이던 6촌 여동생 마리아 바르바라와 결혼했고, 가정을 꾸렸습니다. 교회와 뮐하우젠시 당국이 바흐에게 지원을 아끼지 않았기에 그는 안정된 환경 속에서 많은 교회 칸타타를 작곡할 수 있었습니다. 바흐의 초기 칸타타 명곡들은 이때 작곡되었죠. 하지만 뮐하우젠 루터교 안에서 정통주의자와 경건주의자가 나뉘어 대립이 시작되고, 이 대립의 중간에 교회 음악을 축소해야 한다는 논란이 생겼습니다. 그리고 교회 음악을 축소하려는 경건주의자들이 승기를 잡자, 바흐는 뮐하우젠을 떠나 또 다른 지역으로 이주하게 됩니다.

뮐하우젠을 떠나 바이마르 궁정 예배당의 오르가니스트가 된 23세의 바흐. 새 고용주였던 바이마르 영주는 뮐하우젠에서 받던 보수의 2배를 바흐에게 지급해주었습니다. 안정적인 보수와 대우 덕분이었는지, 바흐가 작곡한 것으로 알려진 오르간 곡의 절반 이상이 이 시기 작곡되었습니다. 이런 이유에서 바이마르 시대를 '바흐의 오르간 곡 시대'라고 부르기도 합니다. 바이마르에 머물면서 그의 명성은 점점 높아졌으며 독일 전체에 그의 이름이 알려지기 시작했습니다. 바흐가 유명해지자 바이마르 영주는 그가 떠날까 염려했고, 고용한 지 6년째 되던 해에 궁정악단의 콘서트마스터로 임명하고 봉급도 더 올려주었습니다. 콘서트마스터가 된 바흐는 매달 1곡씩 교회 칸타타를 작곡해야 했습니다. 그뿐 아니라 오르간 곡도 꾸준히 작곡했고, 종교시도 작곡했습니다.

이 시기 바이마르 궁정은 문호를 개방했는데 비발디, 코렐리, 토렐리와 같은 이탈리아의 음악들이 궁정에서 유행했습니다. 덕분에 바흐는 이 시기에 비발디로 대표되는 이탈리아 협주곡의 형식과 기법을 접했고, 새로 접한 이탈리아 음악 양식을 자신의 작품에 녹여냈습니다.

날로 높아지는 명성과 인기, 자신을 인정해주는 고용주와 넉넉한 보수, 사랑하는 여자와 결혼과 그 이후 태어난 7명의 아이들, 또 텔레만과의 친분까지…. 바흐의 삶은 행복 그 자체였을 겁니다. 하지만 바이마르 영주와 영주의 조카 사이에서 다툼이 생겼고, 두 사람 모두와 친분이 있었던 바흐는 난처한 상황에 몰려 바이마르를 떠나게 됩니다.

바흐는 쾨텐 영주의 제안으로 쾨텐 궁정악장 자리로 이직했습니다. 쾨텐 영주인 대공은 음악을 무척 사랑했고 바흐를 존경했습니다. 쾨텐 지역은 루터파보다 칼뱅파가 우세하던 지역이었기 때문에, 그는 종교음악보다 궁정에서 연주될 협주곡이나 실내악곡을 주로 작곡하게 되었습니다.

쾨텐에 머물던 시기, 바흐는 아내이자 6촌 누이동생인 마리아 바르바라와 사별했습니다. 바흐가 영주의 휴가 일정에 따라갔다가 집에 돌아오니 아내의 장례까지 끝난 상태였죠. 아내의 죽음으로 상심에 빠진 그는 상실감을 창작으로 승화해 〈평균율 클라비어 곡집〉을 썼습니다. 하지만 엄마 없이 남겨진 4명의 아이들*을 혼자 키울 수 없었고, 다음 해 16살 어린 소프라노 가수 안나 막

---

* 마리아 바르바라와의 사이에서 태어난 일곱 아이 중 세 아이는 병으로 일찍 죽었다.

달레나와 재혼했습니다. 안나 막달레나는 성악가 활동 경험이 있었기 때문에, 바흐의 음악 세계를 잘 이해해주고 도와주었으며, 바흐의 아이들을 잘 지도하여 훗날 아버지의 뒤를 이어 훌륭한 음악가로 키워냈습니다.

아침에 음악 연습을 하고 있는 바흐 가족

전처와 후처에게서 태어난 바흐의 아이는 모두 20명. 하지만 영·유아 사망률이 높았던 시대였기 때문에, 바흐의 자녀들 반 정도는 일찍 세상을 떠났습니다. 살아남은 바흐의 아이들은 모두 바흐의 자식들답게 음악적 재능을 타고났고, 특히 전처에게서 태어난 장남과 차남, 후처에게서 태어난 막내는 아버지만큼은 아니지만 음악사에 획을 긋는 대작곡가로 성장했습니다.

쾨텐 시대의 바흐는 아내와 자녀들을 위한 곡들도 많이 작곡했습니다. 이뿐만 아니라 바흐에게 가르침을 받기 위해 모여든 제자들을 위한 클라비어 연주곡들도 많이 작곡했습니다. 종교 음악을 많이 작곡하진 못했지만, 쾨텐 시대의 바흐는 무척 행복했습니다. 쾨텐의 영주는 음악을 사랑하는 음악 애호가일 뿐 아니라, 뛰어난 아마추어 바이올린 연주자이자 비올라 다 감바,* 클라비어 연주자였습니다. 목소리도 아주 좋은 아마추어 바리톤이기도 했고요. 하지만 젊은 영주가 음악을 별로 좋아하지 않는 공주와 결혼을 하자, 바흐의 입지가 위태로워지기 시작했습니다. 그는 더 이상 쾨텐에 머물 수 없겠다고 판단하고 새로운 일자리를 물색했습니다. 그리고 라이프치히의 칸토르에 부임하게 됩니다.

칸토르는 교회 부속 학교의 음악 교사지만 실질적으로는 교회에서 연주될 음악을 작곡하고 연주하는 책임자였습니다. 라이프치히의 성 토마스와 성 니콜라이 교회에서는 일요일마다 교회 칸타타가 연주되었고, 성 금요일**에는 대규모 수난곡이 연주되었기 때문에 일이 많은 편이었죠.

---

* 첼로처럼 다리 사이에 끼고 연주하며, 기타처럼 줄감개가 달린 옛날 악기.
** 그리스도교에서 1년에 한 번 예수의 재판과 처형을 기리는 날.

라이프치히 성 토마스 교회 앞 바흐의 동상

    바흐는 라이프치히 정착 초기 약 6년간 140곡 이상의 교회 칸타타를 작곡했습니다. 그리고 그가 세상을 떠날 때까지 27년간 이곳에 머무르며 교회 음악의 최고 책임자로서, 사실상의 라이프치히 교회 음악 감독으로의 활동을 이어갔습니다.

    하지만 시간이 지날수록 교회 음악의 창작 수요는 줄어들고, 그 대신 세속 칸타타나 세속적 기악곡이 인기를 끌게 됩니다. 분위기가 그러니 바흐도 새로운 곡을 쓰기보다 이전 곡을 고치기도 하고 몇 편의 작품을 곡집 형태로 정리하기도 하며, 그것들을 적극적으로 출판했습니다.

62세의 바흐는 차남이 하프시코드 연주자로 활동하고 있는 포츠담의 상수시 궁전을 방문해 프러시아의 왕 프리드리히 2세를 알현했습니다. 이때 왕의 앞에서 즉흥 클라비어 즉흥 연주를 선보였다고 합니다.

말년의 바흐는 이전에 비해 왕성하진 않았지만, 그래도 꾸준히 작곡을 하곤 했습니다. 사망하기 직전에는 〈푸가의 기법〉을 작곡 중이었죠. 하지만 뇌출혈 발작과 함께 그의 시력이 급속하게 감퇴하여 작곡 중이던 〈푸가의 기법〉은 중단되었고 결국 미완성으로 남게 되었습니다. 그는 테일러라는 안과 의사에게 두 차례 눈 수술을 받았으나, 성공하지 못해 시력을 완전히 잃습니다. 잠시 잠깐 일시적으로 시력을 회복하는 듯 보였으나 다시 뇌출혈 발작을 일으켰고, 발작 10일 뒤 65세의 나이로 세상을 떠났습니다. 유해는 성 요한 교회의 묘지에 안장되었지만 이후 두 차례 이장하며 최종적으로 그가 마지막으로 머물렀던 성 토마스 교회에서 오늘날까지 방문객들을 맞이하고 있습니다.

대표 음악

· 칸타타 〈예수께서 죽음의 속박에 놓여 계신다〉 BWV.4 (Christ lag in Todes Banden)

· 칸타타 〈눈 뜨라고 부르는 소리 있어〉 BW.140(Wachet auf, ruft uns die Stimme)

· 칸타타 〈마음과 입과 행동과 삶으로〉 BWV.147(Herz und Mund und Tat und Leben)

· 칸타타 〈예수는 나의 기쁨〉 BWV.227(Jesu, meine Freude)

· 커피 칸타타 BWV.211(Coffee Cantata)

· 마테 수난곡 BWV.244(Matthauspassion)

· 평균율 클라비어곡집 BWV.846~894(The Well-Tempered Clavier)

· 인벤션과 신포니아 BWV.772~801(Inventions and Sinfonias)

· 골드베르크 변주곡 BWV.988(Goldberg Variations)

· 브란덴부르크 협주곡 제5번 D장조 BWV.1050(Brandenburg Concertos No.5 in D Major)

· 이탈리아 협주곡 F장조 BWV.971(Italian Concerto in F Major)

· 무반주 바이올린 파르티타 제2번 D단조 BWV.1004(Sonatas & Partitas for Solo Violin in D Minor)

· 무반주 첼로 모음곡 제6번 D장조 BWV.1012(Six Suites for Solo Cello in D Major)

· 토카타와 푸가 D단조 BWV.565(Toccata und Fugue in D minor)

추천 음악

 니콜라우스 아농쿠르(지휘) - 바흐 : 칸타타 〈예수, 나의 기쁨〉

2부

고전주의 시대

질서와 균형을 갖춘 형식의 아름다움

고전주의 시대(Classical)는 1750년경~1820년경
을 부르는 말입니다. 이때 서양은 이성과 합리가 지
배하는 세상이었죠. 교향곡의 형식이 확립되었으며,
소나타 형식의 발전과 오케스트라 편성의 완성이 이
뤄진 시기입니다. 대표 작곡가로는 하이든, 모차르
트, 베토벤 등이 있습니다.

자크루이 다비드의 〈호라티우스 형제의 맹세〉

하이든

♬

: 고전주의 양식을 완성하다

요제프 하이든(Franz Joseph Haydn, 1732~1809)

하이든은 1732년 오스트리아 동쪽의 마을 로라우에서 태어났습니다. 하이든의 부모는 가난한 평민이었지만, 음악을 무척 좋아하는 사람들이었습니다. 어머니는 노래를 즐겨 불러주었으며, 악보를 볼 줄 몰랐지만 목소리가 좋았던 아버지도 낡은 하프로 반주를 하며 노래를 자주 불렀습니다. 아버지는 마을 이장 같은 역할도 했는데, 마을 잔치나 음악제 같은 행사도 곧잘 참여했다고 합니다. 음악을 사랑한 부모 덕분이었는지, 하이든과 두 남동생 모두 음악가의 길을 걷게 되었습니다. 특히 장남이었던 하이든은 만 5세에서 6세 정도 될 무렵부터 노래에 재능을 보였고, 그의 부모는 이웃 마을 하인부르크의 교사이자 성가대 지휘자에게 아들을 맡겨 음악 교육을 시켰습니다. 하지만 궁핍하기는 마찬가지였습니다. 어린 하이든에게 음식보다 매가 더 많이 돌아오는 힘든 시절이었습니다.

하이든이 하인부르크에 머물고 있을 때, 빈의 성 슈테판 대성당 음악 감독이 지역의 노래에 재능 있는 소년들을 찾기 위해 방문했습니다. 하이든의 노래를 들은 음악 감독은 성 슈테판 성당 성가대 단원으로 그를 낙점했습니다. 그의 부모도 음악 감독의 제안을 기꺼이 받아들였습니다. 맏아들이 성가대원이 되어 기숙사에 머물게 되면 숙식 문제가 사라지며, 교육 문제도 동시에 해결되었기 때문이었죠.

하이든은 만 8세의 나이로 성 슈테판 성당 부속 학교에 전액 장학금을 받아 입학했습니다. 라틴어와 종교, 산수, 글쓰기 같은 교육과 성가대원으로서 필요한 음악 교육도 받았습니다. 하지만 작곡과 관련된 교육은 빠져 있었고요. 시간이 지나고 하이든의 사춘기가 찾아오고 변성기가 되자, 성가대와 학교 측에서는 하이든을 졸업시켜버렸습니다. 부모님은 성직자가 되어 성당에 남으라고 권했지만, 17세의 하이든은 그 뜻에 따르지 않고 자신의 진로를 결정했습니다. 고향인 로라우로 돌아가지 않겠다고 결심했고, 3벌의 낡은 내의와 1벌의 낡은 코트가 담긴 짐을 들고 빈에서 홀로 살아남기로 말이죠.

돈 한 푼도 없이 거리로 내몰렸지만, 하이든은 함께 어울리던 거리의 친구들 덕분에 외롭지는 않았습니다. 친구들은 그에게 돈을 빌려주기도 하고, 살고 있는 다락방 한구석을 내어주기도 했죠. 그는 춤곡이나 소야곡 등을 연주할 기회가 주어지면 일을 했고, 일요일에는 성당에서 오르간을 연주하기도 했습니다. 또 싼값에 악기 레슨을 하기도 했고요. 그런 와중에도 혼자서 작곡 공부를 해나갔습니다.

어렵게 작곡을 독학하고 있던 하이든에게 전문적인 교육을 받을 기회가 찾아왔습니다. 당대 최고의 카스트라토* 가수 파리넬리의 선생인 포르포라와 일할 기회가 생겼거든요. 포르포라의 성악 레슨 반주자와 개인 비서 일을 하게 되었는데, 포르포라는 하이든의 작품을 교정해주며 작곡을 가르쳐주었습니다. 덕분에 그는 귀족 가문의 음악 선생 자리도 얻을 수 있었죠. 그리고 성당의 바이올린 연주자로, 또 성악가로도 여러 일을 겸했습니다. 하이든은 스승인 포르포라와 지인인 궁정시인의 소개로 궁정 음악가 글룩을 비롯한 주요 작곡가들을 만날 수 있었고, 그 인맥을 통해 뷔른베르크 백작 저택 오케스트라의 바이올린 연주자로 취업할 수 있었습니다. 그는 이때부터 실내악곡 작곡을 시작했는데, 이후 평생 동안 귀족 가문을 위해 일했고, 가문의 살롱에서 연주할 만한 곡들을 작곡해야 했기 때문이었습니다.

뷔른베르크 백작의 소개로 모르친 백작의 개인 음악 교사 자리도 얻을 수 있었는데, 이 자리가 하이든의 첫 번째 정규직으로

---

* 카스트라토(Castrato)는 르네상스 시기의 성악 가수로, 변성기가 시작되기 전, 즉 미성년자일 때 거세하여 소년 시절에만 지니는 고음역대의 목소리를 계속해서 유지했다.

숙식과 함께 200굴덴의 연봉을 제공받았습니다. 그리고 이때 첫 교향곡을 작곡하며 일생 동안 실내악곡만큼 많은 교향곡을 작곡하게 된 시작점이었습니다. 하이든의 별칭 '교향곡의 아버지'의 시작이기도 했고요.

모르친 백작가에 머물던 중, 28세의 하이든은 3살 연상의 마리아 안나 켈러와 처음이자 마지막 결혼을 했습니다. 하이든의 첫사랑이었던 테레제 켈러가 수녀가 되자, 가장 닮은 자매였던 마리아 안나를 택한 것이었죠. 하지만 결혼생활은 행복하지 않았습니다. 아내는 음악가의 아내로서 적절치 않은 여자였는데, 하이든이 작업해둔 자필 악보 종이를 머리카락 말 때 쓰거나, 빵 아래 끼우는 종이로 쓸 정도로 무심하고 무식했으며 낭비벽도 심했습니다. 두 사람 사이에서 아이는 태어나지 않았지만, 이혼하지 않고 죽을 때까지 함께 살았다고 합니다.

하이든은 모르친 백작가에서 성실히 일했지만, 백작의 경제적 상황이 나빠지면서 백작의 개인 오케스트라가 해산되었습니다. 그는 일자리를 잃고 다시 빈으로 돌아왔습니다. 그리고 얼마 지나지 않아, 하이든에게 부유한 후원자가 나타났습니다. 오스트리아 제국 중 부유하고 음악을 사랑하는 에스테르하지 공작*이었

---

* 에스테르하지 공작(Prince Esterházy)은 자료에 따라 공작, 후작, 백작 등 여러 호칭으로 알려져 있다. 초창기에는 백작(Count) 작위를 가지고 있었지만, 하이든이 에스테르하지 가문에 들어간 1761년에 가주의 작위는 공작(Fürst, Prince)이었다.

죠. 공작은 자신의 저택에 정규직 음악가들로 구성한 오케스트라를 두고 있었습니다. 당시 에스테르하지 가문의 음악 감독은 나이가 많아 은퇴를 앞두고 있었기 때문에, 하이든은 에스테르하지 궁전 오케스트라의 부감독으로 채용되었습니다.

하이든의 직위는 음악 감독을 보조하는 부감독이었지만, 맡은 일은 음악 감독에 준하는 수준이었습니다. 늙은 음악 감독은 에스테르하지 가문 영지의 교회에서 쓸 음악만 관리 감독한 반면, 하이든은 에스테르하지 궁정 악단을 지휘했고, 가문 소속 가수들을 지도했으며, 필요한 대부분의 곡도 작곡을 도맡았죠. 그리고 가문의 도서관에 있는 음악 관련 책자와 악보·가문 소유 악기 보관과 관리까지, 에스테르하지 가문과 에스테르하지 영지에서 필요한 음악에 관련된 모든 일들이 맡겨졌습니다. 시간이 지나고 음악 감독이 사망하자, 하이든은 자연스럽게 음악 감독이 하던 교회 음악까지 맡게 되었습니다.

하이든과 일하는 모든 사람은 그를 좋아했습니다. 외부의 압력으로부터 같이 일하는 음악가를 보호해주었고, 유머 감각을 이용하여 고용주 및 영지 관리자들과 두터운 유대감을 쌓았으며, 좋은 관계를 유지했습니다. 특히 에스테르하지 가문의 연주자들은 하이든을 '파파'라고 부르며 잘 따랐다고 합니다.

아이젠슈타트의 에스테르하지 궁전과 하이든 홀
이 궁전은 에스테르하지 가문의 저택으로 궁전의 중앙에는 커다란 콘서트홀이 있는데,
이곳은 하이든의 이름을 따서 '하이든 홀'로 개칭되었다.

　　하이든의 첫 번째 고용주였던 에스테르하지 공작이 사망하고, 공작의 동생이 가주가 되어 공작위를 이어받았습니다. 두 번째 에스테르하지 공작도 그를 무척 아껴 승진도 시켜주고, 하이든이 요구하는 재정적 후원도 아끼지 않았습니다. 새 주인의 전폭적인 후원 덕분에, 하이든은 연주자와 가수들을 더 채용해서 더 나은 오케스트라를 만들려 노력했습니다. 그는 새 주인의 배려 속에서 이후 30년간 실내악곡과 종교 음악, 오페라까지 장르를 가리지 않고 엄청나게 많은 양의 곡을 완성했습니다. 가끔 순회 공연을 떠나거나, 주군인 에스테르하지 공을 수행하며 빈을 오가는 경우를 제외하면 영지인 아이젠슈타트에 위치한 에스테르하지 궁전 근처에 집을 얻어 대부분의 시간을 보냈습니다.

아이젠슈타트 에스테르하지 궁전 인근 하이든 하우스

    순회 공연이나, 공작을 수행하는 여행을 떠나면, 여행지에서 다른 음악가나 작가 등과의 교류도 틈틈이 쌓았습니다. 에스테르하지 공을 수행해 빈을 오가던 어느 날, 하이든은 모차르트를 만나게 됩니다. 모차르트는 하이든보다 24살이나 어린 작곡가였지만, 나이는 그들의 우정에 큰 문제가 되지 않았습니다. 모차르트는 하이든으로부터 현악 4중주를 작곡하는 법을 배운 것에 감사했고, 그가 작곡한 6곡의 현악 4중주를 '경애하는 친구 하이든'에게 바쳤습니다. 하이든은 모차르트에 비해 나이가 훨씬 많았지만, 자신의 방식만 고집하는 경직된 사고와 행동을 보여주는 사람은 아니었습니다. 모차르트와의 만남으로 모차르트에게서 받은 새로운 기운과 영감을 자신의 음악에도 녹여내기도 했습니다.

    하이든의 두 번째 주인 에스테르하지 공이 사망하자, 그의 아들이 공작위를 승계하여 하이든의 새로운 고용주가 되었습니다. 세 번째 주군은 궁정 악단 음악가들 대부분을 해고했지만, 하이든은 해고하지 않고 그대로 머물게 한 후 월급도 이전처럼 그대로 주었습니다. 대신 일은 주지 않았고요. 그 덕분에 하이든에게 시간적 여유가 생겼고, 다른 곳에서 제안이 들어왔을 때 그 제안을 수용할 여유도 함께 생겼지요. 나폴리 왕의 초청을 받기도 했고, 런던에서 새로운 교향곡과 소품 작곡과 지휘 요청도 들어왔습니다.

모차르트와 다른 많은 주변인은 하이든이 영국을 방문하는 것을 말렸습니다. 하지만 그는 주변의 걱정에도 불구하고 런던으로 떠났죠. 그 이전까지는 오스트리아를 벗어난 적이 없었거든요. 59세의 하이든은 영국에 도착해서 활동을 시작했습니다. 연주회를 열고, 새로운 경험을 하며 받은 영감으로 새로운 곡들도 작곡했고요. 하이든의 교향곡은 영국 청중의 귀를 사로잡았고, 그런 청중의 반응을 잘 살펴볼 수 있는 것이 '놀람', '시계', '군대', '큰북 연타'와 같이, 작품들에 붙은 별칭입니다. 영국 왕실에서도 그를 극진히 환영하며 대접했고, 저명한 인사들도 그와 가까이 지내기를 원했습니다. 옥스퍼드 대학교는 하이든에게 명예 음악 학사 학위를 수여했으며, 웨일스의 후작과 요크의 공작과도 교류가 생겼습니다.

1년 정도 런던에 머물면서 알찬 시간을 보내고 있던 하이든에게, 에스테르하지 공작의 전갈이 날아들었습니다. 프랑크푸르트

암마인에서 열리는 황제 프란츠 2세의 신성 로마 제국 황제 대관식에 하이든이 백작의 수행을 맡아주었으면 좋겠다는 연락이었습니다. 하이든은 주군의 부름에 런던을 떠나 오스트리아로 돌아갑니다. 그는 돌아가는 길에 본에 들러 22세의 베토벤을 소개받았고, 이후 베토벤은 빈으로 와서 하이든에게 음악 수업을 받게 되었습니다. 하지만 두 사람의 성향이 무척 달랐던 탓에 레슨은 1년 만에 끝났다고 합니다.

영국을 출발한 지 1개월 만에, 하이든은 빈에 도착했습니다. 그리고 영국에서 번 돈으로 빈 근교에 위치한 좋은 집을 구매했습니다. 한편 영국의 열혈 팬들은 빨리 하이든이 런던으로 돌아오길 요구했습니다. 그래서 결국 하이든은 돌아간 지 약 1년 반 만에 다시 영국을 방문해서 또 1년 남짓 지냈습니다. 하이든이 다시 방문 하자, 영국 왕실 사람들을 포함한 하이든의 추종자들은 그를 영국에 정착시키려 노력했습니다. 하지만 하이든은 그 모든 제안을 거절하고 다시 오스트리아로 돌아갔습니다. 세 번째 에스테르하지 공의 뒤를 이어 새로이 주인이 된 공은 하이든의 계약을 갱신하고 또다시 가문의 음악을 맡기려 했거든요. 영국에서 지내면서 충분히 많은 영감을 받았고 왕성한 창작 활동을 펼쳤으며 보수도 넉넉하게 받았기에, 하이든은 2번의 영국 여행에 만족하며 다시 에스테르하지가로 돌아왔습니다.

귀국한 이후 다시 에스테르하지 가문에서 일하게 되면서, 하이든은 오라토리오 작곡에 도전하게 됩니다. 첫 영국 방문 때 런던의 웨스트민스터 대수도원에서 열린 헨델의 추모 음악회에 참석해서 헨델의 오라토리오를 감상하고 아주 깊은 감명을 받았던 경험이 있었거든요. 네 번째 에스테르하지 공은 첫 번째와 두 번째 에스테르하지 공처럼 하이든에게 많은 업무를 맡기지 않았습니다. 덕분에 그는 주로 빈에 머물며 작곡에 열중할 수 있게 되었죠. 영국 시인 밀턴의 서사시 〈실락원〉과 성서의 〈창세기〉를 바탕으로 만든 대본으로, 오라토리오 〈천지창조〉를 작곡했습니다. 오라토리오 작곡은 하이든에게 꼭 맞는 작업이었습니다. 태어나서부터 로마 가톨릭 교인으로 살아왔고, 어릴 때는 성당의 부속 학교에서 교육을 받은 경험도 있었고, 원래부터 신앙심도 깊었거든요. 또 에스테르하지 가문의 음악가로 살아오면서는 영지 내에 있던 로마 가톨릭교회에서 사용할 수 있는 미사곡을 많이 작곡해 오기도 했고요. 훗날 하이든이 지난 시간을 회고할 때 오라토리오 〈천지창조〉를 작곡하던 때가 그의 일생 중 가장 행복했던 순간이라고 언급했을 정도로, 이 시기는 그의 일생 중 신앙심과 영적인 영감이 충만했던 때였습니다. 〈천지창조〉 이후, 하이든은 또 다른 오라토리오인 〈사계〉를 작곡했습니다. 이 또한 대중적으로 흥행했고, 말년의 하이든은 남부럽지 않은 명성과 지위 그리고 부를 얻었습니다.

하이든은 전 유럽에서 유명한 작곡가가 되었습니다. 그의 작품들은 전 유럽에서 연주되었고, 오스트리아, 독일, 네덜란드, 프랑스, 영국 등 여러 국가에서 출판되었습니다. 그리고 그 덕에 음악을 좋아하는 여러 유럽의 귀족에게서 공식적인 후원을 받을 수 있었습니다. 또한 스톡홀름, 암스테르담, 상트페테르부르크, 파리 등의 음악 협회의 명예 회원으로 추대되었고요. 그의 고향 로라우에는 하이든이 참석한 자리에서 기념비가 세워졌으며, 빈에서는 금으로 된 공로 훈장이 수여되기도 했습니다.

하이든의 76번째 생일 때는 기념 연주회가 열렸습니다. 병석에 누워있던 그는 많은 사람들의 도움을 받아 이 연주회에 참석했습니다. 거동이 어려웠기 때문에 다른 사람들의 도움으로 팔걸이 의자에 앉은 채 연주회장에 들어왔고, 청중은 기립하여 "하이든 만세!"를 외쳤습니다. 하이든의 〈천지창조〉가 연주되었고요. 그가 자리를 떠날 때, 과거의 제자 베토벤이 무릎을 꿇고 스승의 손에 입을 맞추며 존경을 표하기도 했습니다. 이 연주회는 하이든이 참석한 마지막 공개 연주회였습니다.

약 1년 후, 나폴레옹이 오스트리아를 침공했고 빈 시민들은 피난을 떠났지만 병든 하이든은 그러지 못했습니다. 전쟁 중에 그가 머물고 있던 집의 정원에도 포탄이 떨어졌고, 늙고 병든 하이든은 불안에 떨어야 했습니다. 그나마 불행 중 다행이었던 것은 나폴레옹도 하이든이 병중임을 알고 있었던 것이었습니다. 나폴레옹은 위대한 작곡가 하이든을 보호하기 위해서 그의 집 주변에 보초들을 세워 경비하도록 지시했습니다.

　나폴레옹이 빈을 함락한 후 어느 날, 하이든은 두통을 호소하며 침대에 누웠지만 잠든 그는 영영 깨어나지 못했습니다. 5일 동안 혼수상태에 빠져 있다가 숨을 거두었습니다. 하이든이 세상을 떠난 바로 다음 날, 초라한 장례식이 진행되었습니다. 전쟁 중이었기 때문에 가족들은 간소하게 장례를 치른 후 묘지에 안장했습니다. 보름 뒤에는 사람들이 모여 하이든의 죽음을 애도하는 행사가 열렸는데, 소식을 들은 프랑스 군 장교들과 빈에 남아있던 귀족들 등이 참여했고, 국가와 지위에 상관없이 하이든이라는 대음악가의 죽음에 애도를 표했습니다.

아이젠슈타트의 베르크 성당과 하이든의 석관.
베르크 성당은 에스테르하지 궁전 인근에 있는 성당으로,
하이든이 잠들어 있는 곳으로 유명하다.

전쟁이 끝나자, 에스테르하지 가문에서는 하이든을 그들 가문의 묘지로 옮기고 싶어 했습니다. 유해를 옮기기 위해 묘지를 파헤쳤을 때, 사람들은 하이든의 머리가 사라진 것을 알게 되었습니다. 두개골이 있어야 할 자리에 가발만 덩그러니 남아있었거든요. 하이든의 마지막 주인이었던 에스테르하지 공은 분노했고, 공식적으로 왕실에 요청해 하이든의 머리를 찾으려 노력했습니다. 수사 끝에 범인이 밝혀졌는데, 에스테르하지 가문의 서기와 형무소장이 용의자로 지목되었습니다. 골상학*의 신봉자여서 하이든의 두개골을 연구하려 하이든의 머리를 빼돌린 것이었죠. 하지만 두개골의 행방은 묘연했습니다. 범인이 다른 이에게 하이든의 두개골

---

* 두개골의 형태를 연구해 정신 능력과 성격 특성을 분석하려는 학문.

을 팔아버린 후였거든요.

하이든이 사망한 지 145년 후, 에스테르하지 가문의 끈질긴 노력 끝에, 하이든의 머리는 자신의 몸을 떠난 지 약 100년이 넘는 시간이 지나서야, 아이젠슈타트의 베르크 성당에 그의 몸과 함께 묻힐 수 있게 되었습니다.

대표 음악

· 교향곡 44번 E단조 〈슬픔〉 Hob.1/44(Symphony No.44 E Minor)

· 교향곡 45번 F#단조 〈고별〉 Hob.1/45(Symphony No.45 F sharp Minor)

· 교향곡 94번 G장조 〈놀람〉 Hob.1/94(Symphony No.94 G Major)

· 교향곡 101번 D장조 〈시계〉 Hob.1/101(Symphony No.101 D Major)

· 교향곡 102번 B♭장조 Hob.1/102(Symphony No.102 B flat Major)

· 첼로 협주곡 2번 D장조 Hob.7b/2(Cello Concerto No.2 D Major)

· 트럼펫 협주곡 E♭장조 Hob.7e/1(Trumpet Concerto E flat Major)

· 바이올린 협주곡 1번 C장조 Hob.7a/1(Violin Concerto No.1 C Major)

· 바이올린 협주곡 2번 D장조 Hob.7a/2(Violin Concerto No.2 D Major)

· 바이올린 협주곡 3번 A장조 Hob.7a/3(Violin Concerto No.3 A Major)

· 바이올린 협주곡 4번 G장조 Hob.7a/4(Violin Concerto No.4 G Major)

· 현악 4중주 53번 D장조 〈종달새〉 Hob.3/63(String Quartet No.53 D Major)

· 현악 4중주 62번 C장조 〈황제〉 Hob.3/77(String Quartet No.62 C Major)

· 현악 4중주 17번 〈세레나데〉 F장조 Hob.3/17(String Quartet No.17 F Major)

· 피아노 소나타 62번 Eb장조 Hob.16/52(Piano Sonata No.62 E flat Major)

· 사계 Hob.21/3

· 천지창조 Hob.21/2

추천 음악

 애덤 피셔(지휘), 데니시 챔버 오케스트라 - 하이든 : 교향곡 94번 G장조 '놀람'

모차르트

: 5세에 즉흥곡을 연주한 천재

볼프강 아마데우스 모차르트(Wolfgang Amadeus Mozart, 1756~1791)

모차르트는 1756년 오스트리아의 잘츠부르크에서 태어났습니다. 아버지는 잘츠부르크 궁정 악단의 부악장이자 바이올린 연주자였죠. 우리에게 익숙한 '아마데우스Amadeus'라는 미들네임은 '신의 사랑을 받는 자'라는 뜻의 독일어 고드리프Gottlieb를 라틴어로 바꾼 것입니다. 부모는 5살 차이의 누나 난네를과 모차르트 남매를 음악 속에서 키웠습니다. 모차르트는 어린 시절부터 음악적 재능이 뛰어났습니다. 만 4세 즈음 아버지가 누나를 가르치는 모습을 지켜보다 하프시코드* 연주법을 스스로 깨쳤다고 하니까요. 아버지는 아들의 재능을 알아보고 하프시코드와 바이올린을 직접 가르쳤습니다. 5세가 되자 즉석에서 작곡해서 즉흥곡을 연주하기 시작했고, 어린아이가 곡을 작곡해 연주한다는 걸 믿지 못

---

* 피아노가 발명되기 전인 바로크 시대(17~18세기)에 주로 사용되던 건반 악기.

했던 사람들은 일부러 모차르트 가족 집에 찾아와 아이를 시험해 보기까지 했습니다.

만 6세 생일을 앞두고, 모차르트 가족은 잘츠부르크에서 뮌헨으로 첫 번째 연주 여행을 떠났습니다. 이때 어린 신동의 연주를 들은 뮌헨의 청중은 모차르트에게 열광했다고 합니다. 이렇게 '음악의 신동'으로 이름이 알려지고, 그해 가을에는 수도인 빈에 머물면서 쇤부른 궁에서 연주를 할 기회도 주어졌습니다. 여황제 마리아 테레지아와 그 가족들이 보는 앞에서 말이죠.

그다음 해에도 모차르트는 아버지와 누나 난네를과 함께 파리로 연주 여행을 떠났고, 여행 중간 경유지에서도 협주곡이나 소나타, 즉흥곡을 연주했습니다. 연주 활동을 하면서도 하프시코드나 바이올린을 위한 소나타도 작곡했고요. 최종 목적지였던 파리에 머물며 활동하다가 영국으로 옮겨갔고, 영국에서도 1년 이상 머물면서 첫 교향곡을 비롯한 여러 곡을 작곡했습니다. 연주회도 계속했고요. 영국에서 잘츠부르크로 돌아갈 때는 네덜란드와 파리, 스위스, 독일을 거쳐서 여행을 떠난 지 3년 만에 돌아갔습니다. 이 여행을 통해 모차르트는 '음악의 아버지' 바흐의 막내아들 요한 크리스티안 바흐 등 많은 작곡가의 영향을 많이 받았고, 습작을 많이 시도하면서 작곡가로서 더 성숙했습니다.

1770년 이탈리아 베로나에서 피아노를 치고 있는 14세 때의 모차르트

　　잘츠부르크에 돌아오고 3년 뒤, 모차르트는 이탈리아 여행을
떠났습니다. 이 여행은 그의 음악가 인생에서 터닝 포인트가 되었
습니다. 당시 음악에 재능 있는 인재라면 이탈리아 유학이나 여행
은 필수 코스였거든요. 모차르트가 활동하던 시대에는 독일 쪽보
다 이탈리아의 음악이 선진 음악으로 인식되어 있었습니다. 15개
월간 3번의 이탈리아 여행을 했는데, 그때마다 영감을 많이 받고
그 기세를 몰아 여러 편의 가극과 교향곡을 작곡했습니다.

첫 번째 이탈리아 여행 당시, 모차르트 부자는 로마에 도착하여 바티칸의 시스티나 대성당을 방문했습니다. 교황청 소속 작곡가 알레그리가 작곡한 〈미제레레〉가 부활절 주간에만 연주되고 있었거든요. 교황의 특별 명령에 의해, 외부로 〈미제레레〉의 악보 유출이 엄격하게 금지되어 있었기 때문에, 부활절 주간에 시스티나 성당을 방문하는 게 곡을 들어볼 유일한 방법이었습니다. 이때 14세의 소년 모차르트는 곡을 단 1번 듣고 모두 암기해서 숙소에 돌아와서 거의 완벽하게 악보에 옮겼습니다. 그리고 두 번째 성당에 방문해 음악을 들은 후 몇 가지 사소한 부분을 수정해 악보를 완성했습니다. 이 이야기를 전해 들은 교황 클레멘스 14세는, 소년의 재능에 감복하여 황금 박차 훈장*을 수여했습니다. 이후에도 모차르트는 이탈리아에 머물며 오페라 본고장인 이탈리아의 오페라를 접했고, 첫 번째 오페라 작곡을 의뢰받았습니다. 모차르트 최초의 오페라가 이렇게 작곡되었죠.

당시 음악가들은 혼자 자립해 생활할 수 없었습니다. 음악을 소비하는 주요 소비층이 교회와 왕족, 귀족 같은 높은 신분인 사람들과 부유한 사람들이 후원자라는 명목으로 음악가에게 금전을 지원해줘야 생활이 가능했고, 후원이 있어야 작품을 발표하는 등 음악 활동

---

* 가톨릭 신앙을 전파하는 데 뚜렷한 공헌을 했거나 무공, 저작 활동 또는 기타 혁혁한 활동을 통해 교회의 영광을 빛내는 데 공헌한 사람에게 교황이 수여하는 기사 훈장이다.

도 계속할 수 있었죠. 그래서 대부분의 음악가는 왕실, 귀족이나 교회에 메어있었습니다. 모차르트도 마찬가지였습니다. 당시 잘츠부르크는 대주교의 통치를 받고 있었고, 모차르트 가문은 이 잘츠부르크 대주교가 요구하는 음악 활동을 해주는 대신, 후원을 받는 입장이었던 거죠. 모차르트가 태어날 때부터 어린 시절까지 있던 대주교는 모차르트 가족들이 연주 활동을 위해 여행을 떠나려 하면 잘 허락해 주는 편이었습니다. 하지만 모차르트가 두 번째 이탈리아 여행에서 돌아왔을 때, 관대했던 대주교가 세상을 떠나고 새로운 인물로 대주교가 바뀌자, 문제가 생기기 시작했습니다. 새 대주교는 취임식이 끝나자 16세의 모차르트를 궁정악단의 악장으로 임명했습니다.

좌: 모차르트 생가
우: 잘츠부르크 모차르트의 집(빈으로 떠나기 전까지 기거했던 집)

하지만 모차르트는 고향에 머물고 싶지 않았습니다. 작곡가로서 더 발전하고 싶어 했고, 그에게 연주 여행이나 영감을 얻기 위한 여행은 필수였습니다. 그는 장기 연주 여행 계획을 세워 대주교에게 여행을 떠날 수 있게 요청했지만 거절당했습니다. 모차르트는 결국 사직원을 제출하고 잘츠부르크를 떠났습니다. 이렇게 모차르트처럼 어떤 왕족, 귀족이나 교회에 종속되지 않고 프리랜서로 활동하고자 했던 음악가는 당시에 찾아보기 힘들었습니다. 기껏해야 독일에서 영국으로 건너가 활동했던 선배 작곡가 헨델 한 사람 정도였죠. 모차르트는 헨델에 이어 역사상 두 번째 프리랜서 작곡가가 됐습니다.

잘츠부르크를 떠난 모차르트는 새로운 직장을 찾기 위해 어머니와 독일의 만하임을 거쳐 프랑스의 파리까지 갔지만 일자리를 찾지 못했습니다. 대신 첫사랑을 만났는데, 만하임에서 머물 때 만났던 알로이지아 베버가 그의 첫사랑이었죠. 하지만 알로이지아는 얼마 지나지 않아 이별을 고하고 다른 남자와 결혼해 버렸습니다. 실연으로 마음에 상처를 받지 얼마 지나지 않아서, 모차르트는 또 다른 인생의 큰 슬픔을 겪었는데, 파리에 함께 머물고 있던 그의 어머니가 티푸스에 걸려 사망한 것입니다.

연달아 이어진 불행으로 큰 충격을 받은 모차르트는 다시 잘츠부르크로 돌아왔습니다. 아버지의 노력으로 궁정 오르간 연주자 자리를 잡아 일하면서 작곡을 계속했죠. 하지만 여전히 대주교와 그의 관계는 껄끄럽고 불편했습니다. 만하임 궁정에서 오페라 작곡 의뢰를 받자 그 핑계로 잘츠부르크를 떠났고, 아버지의 반대와 반려된 사직원에도 불구하고 모차르트는 빈으로 이주를 결심했습니다.

빈에 다시 도착한 모차르트는 예전 '신동 모차르트'가 아닌 수도에서 성공하고 싶은 수많은 무명 음악가 중 하나가 되었습니다. 작곡법과 피아노 연주를 가르치는 선생이 되어 일하면서 돈을 벌어 생계를 이어갔습니다. 그러면서도 오페라와 교향곡 작곡은 놓지 않고 틈틈이 진행했고, 이탈리아어가 아닌 독일어로 오페라 〈후궁으로부터의 탈출〉을 만들어 공개했는데, 첫 번째 공연에서 대성공을 거두었습니다. 〈후궁으로부터의 탈출〉의 성공은 신성로마제국 황제 요제프 2세의 후원과 지원이 없었으면 불가능했던 일이었습니다. 개혁 군주였던 요제프 2세는 문화 정책에서도 개혁을 추구하며 이탈리아어가 아닌 독일어 오페라를 원했고, 그에 따라 새로운 음악가 기용을 추진했습니다. 그래서 적임자로 낙점된 것이 모차르트였고요.

이 시기, 26세의 모차르트는 콘스탄체라는 6살 어린 아가씨를 만나 사랑에 빠졌습니다. 그녀는 그의 첫사랑 알로이지아 베버의 여동생이었죠. 모차르트의 아버지는 콘스탄체와의 결혼을 무척 반대했지만, 모차르트 부부는 아버지의 반대를 무릅쓰고 빈의 성 슈테판 대성당에서 결혼식을 올렸습니다. 〈후궁으로의 탈출〉의 대성공은, 결혼을 반대하는 아버지에게 결혼의 정당성을 내세울 수 있는 명분이 되어주었고, 고향으로 돌아가지 않고 빈에서 계속 머물며 활동할 수 있는 길을 만들어 주었습니다.

빈에 머물면서 하이든과도 알고 지냈는데, 이 시기 작곡한 교향곡이나 현악 4중주곡 등은 하이든의 작품들과 함께 고전파 시대의 전형적인 스타일을 확립하는 작품이 되었습니다. 한번은 모차르트의 아버지가 어느 겨울에 아들 집에 방문하기 위해 빈을 찾은 적이 있었는데, 모차르트는 아버지에게 '아들이 이렇게 성공했습니다.'를 보여주기 위해 하이든을 만날 때 일부러 아버지와 함께하기도 했답니다. 52세의 하이든은 29세의 모차르트를 가리켜, 모차르트의 아버지에게 '당신의 아들은 내가 아는 가장 위대한 작곡가'라며 극찬을 해주었다고 하고요.

음악성이 깊어지고 공개하는 작품이 성공하는 것과 달리, 모차르트의 경제 사정은 점점 나빠지기 시작했습니다. 레슨을 진행하지 않고 작곡에만 매달려 있었고, 벌어들이는 돈보다 사용하는 돈이 훨씬 더 많았거든요. 어려운 가정경제에도 불구하고 이 시기 작곡된 오페라 부파* 〈피가로의 결혼〉이나 오페라 〈돈 조반니〉 등은 이 시기에 탄생한 모차르트의 걸작이라고 할 수 있습니다.

---

* 오페라 부파는 18세기에 발생한 희극적이고 대중적인 오페라를 뜻하는 용어다. 그 이전의 오페라는 그리스 신화나 고대의 영웅담을 소재로 한 엄숙하고 비극적인 이탈리아 오페라였는데, 이것은 오페라 부파 등장 이후 '오페라 세리아'라고 분류된다.

31세가 되던 해 봄, 모차르트는 베토벤을 처음이자 마지막으로 만났고, 그해 연말에는 궁정 작곡가로 임명됐지만 연봉이 낮아서 경제적으로 큰 도움은 되지 못했습니다. 하지만 계속되는 경제적 어려움 속에서도 3대 교향곡이라고 불리는 39번, 40번, 41번 교향곡을 작곡해 완성했습니다. 몇 차례 여행을 떠나기도 했는데, 33세가 되던 해에 떠난 베를린 여행에서는 프로이센의 국왕 프리드리히 빌헬름 2세를 알현하고 작곡 의뢰를 받기도 했습니다. 그다음 해에는 오페라 부파 〈코지 판 투테(여자는 다 그래)〉를 완성했습니다. 연주회를 열기도 했지만 연주회의 성공과 실패에 상관없이 모차르트의 빚은 계속 늘어났습니다. 그도 그럴 것이 들어오는 돈은 없고, 거금을 후원해줄 후원자 없이 오페라를 제작하고 연주회를 계속하니 이전의 빚을 공연 수익금으로 막고, 또 다른 빚을 내는 악순환만 계속되는 거였으니까요.

35세가 되던 해에는 의뢰받은 오페라 공연을 위해 프라하로 여행을 했는데 이때부터 모차르트의 건강이 나빠지기 시작했고, 그해 9월에는 징슈필* 형식의 오페라 〈마술피리〉**를 완성하여 무대에 올렸고 성공을 거뒀습니다. 〈마술피리〉는 초연 극장에서 100

---

* 징슈필(Singspiel)은 독일어로 서로 주고받는 대사에 서정적인 노래가 결부된 민속적 오페라다. 보통 오페라는 이탈리아어로 쓰인 데 비해, 〈마술피리〉는 외국어였던 이탈리아어가 아닌 독일어로 쓰인 노래극이라 서민들도 쉽게 이해할 수 있는 노래극이었다.
** 〈마적〉이라고 부르기도 한다.

회 넘게 공연되며 그의 오페라 중 가장 훌륭한 흥행 성적을 올렸습니다. 하지만 공연을 시작한 지 2달 정도 지나자 모차르트는 병석에 누웠고, 세상을 떠나고 맙니다.

콘스탄체와 결혼하면서 아버지로부터 완전히 독립한 때부터 모차르트는 경제적인 빈곤에 계속 시달리고 있었습니다. 최근 연구 결과, 모차르트에게 작곡가로서의 대우가 좋지 못했다기보다는, 수입보다 더 많은 지출이 모차르트의 경제적 어려움의 원인이라고 분석되고 있습니다.

경제난이 계속되던 어느 날, 낯선 사람이 찾아와 〈레퀴엠〉을 의뢰하자 모차르트는 그 의뢰를 수락했습니다. 〈마술피리〉의 작곡으로 피로했던 몸을 쉴 틈도 없이 레퀴엠 작곡을 강행하였는데, 곡을 완성하기도 전에 사망하고 말았습니다.

〈레퀴엠〉 K.626의 마지막 페이지

모차르트의 죽음에 관해서는 정확히 밝혀진 바가 없습니다. 독
살이라는 소문도 돌았다고 하고, 당시 빈에 유행하고 있던 티푸스
가 원인이었다는 이야기도 있습니다. 또 다른 연구 결과에 의하
면 당시 모차르트는 우울증이 심각했으며 약물 중독이었다고 하
고, 또 어떤 이들은 어린 시절 류머티즘을 앓은 후유증으로 심장
에 무리가 가 있는 상황에서, 죽을 당시 같은 병으로 심장에 충격
이 가고 과다 출혈이 생겨서 사망했다고 주장하기도 했습니다.

좌: 빈 모차르트 협회가 건립한 왕궁 정원(Burggarten)의 모차르트 기념비
우: 빈 중앙묘지(Zentralfriedhof) 음악가의 묘역 입구에 위치한 모차르트 기념비

사망 후 모차르트는 빈의 성 마르크스 묘지에 매장되었습니다. 그런데 성 마르크스 묘지는 더 많은 시신을 수용하기 위해 10년마다 땅을 파헤치고 뼈를 한곳에 모으는 방식으로 관리되고 있었습니다. 그래서 모차르트의 유골은 매장된지 10년이 지나기 전에 사라졌고, 그 때문에 정확히 모차르트가 어느 장소에 묻혔는지 알 수 없게 되었습니다. 1855년, 빈 당국은 모차르트의 묘지를 찾는 작업에 착수했지만 정확한 위치를 찾지 못했고, 4년 뒤에 모차르트의 묘지로 추측되는 지점에 추모비를 건립했습니다. 빈의 중앙 묘지를 찾아가면 음악가들의 묘역 입구에 모차르트 묘비가 있지만, 다른 다른 음악가들과 함께 그의 영혼을 기리기 위한 추모비일 뿐입니다.

모차르트가 사망하고, 그의 아내였던 콘스탄체는 남편의 추모 음악회, 미발표 작품의 출판 등을 진행했고, 10년 뒤에는 덴마크 출신 외교관과 재혼해 덴마크로 이주했다가 잘츠부르크로 돌아와 생을 마감했으며, 예전 시아버지인 모차르트의 아버지 곁에 묻혔습니다. 모차르트가 죽었을 때 큰아들 칼은 7세, 작은아들 볼프강은 태어난 지 7개월이었는데, 칼은 관리가 되어 살다가 밀라노에서 죽었고, 볼프강은 아버지의 이름을 물려받아 음악가가 되어 작곡가, 지휘자, 교사로 일하다가 카를로비바리에서 세상을 떠났습니다.

대표 음악

· 교향곡 25번 G단조 K.183(Symphony No.25 G Minor K.183)

· 교향곡 40번 G단조 K.550(Symphony No.40 G Minor K.550)

· 세레나데 13번 〈아이네 클라이네 나흐트무지크〉 G장조 K.525
(Serenade No.13 in G Major 'Eine Kleine Nachtmusik' K.525)

· 〈아, 어머님 들어 주세요〉 주제의 12개의 변주곡 C장조 K.265
(Variations On 'Ah, Vous Dirai-Je Maman' K.265)

· 피아노 소나타 11번 A장조 K.331(Piano Sonata No.11 In A Major
K.331)

· 두 대의 피아노를 위한 소나타 D장조 K.448 (Sonata For Two
Pianos In D Major K.448)

· 피아노 협주곡 20번 D단조 K.466(Concerto for Piano and Orchestra
No. 20 in D minor, K.466)

· 피아노 협주곡 21번 C장조 K.467 (Concerto for Piano and Orchestra
No. 21 in C Major, K.467)

· 오보에 협주곡 C장조 K.314(Oboe Concerto In C Major K.314)

· 클라리넷 협주곡 A장조 K.622(Concerto for Clarinet and Orchestra in
A major, K.622)

· 오페라 〈피가로의 결혼〉 K.492(Le Nozze di Figaro K.492)

· 오페라 〈코지 판 투테〉 K.588(Cosi fan tutte K.588)

· 오페라 〈마적〉 K.620(Die Zauberflöte K.620)

· 오페라 〈돈 지오반니〉 K.527(Don Giovanni K.527)

· 레퀴엠 K.626(Requiem K.626)

· 모테트 〈존귀하신 구주〉 K.618(Ave verum corpus K.618)

· 가곡 〈자장가〉 K.350(Wiegenlied K.350)*

· 가곡 〈봄을 기다리며〉 K.596(Sehnsucht nach dem Frühlinge K.596)

추천 음악

 디아나 담라우(소프라노), 로열 오페라 하우스 오케스트라 - 모차르트 : 징슈필 〈마술피리〉 2막 中 밤의 여왕의 아리아 '지옥의 복수심이 내 마음에 끓어오르고'

---

* 모차르트의 작품을 정리하던 쾨헬이, 모차르트가 복사해놓았던 플리스의 자장가를 모차르트의 작품으로 오인해 쾨헬 번호로 처리하여 일반적으로 모차르트 자장가로 알려져 있다.

베토벤

♬

: 박수 소리조차 듣지 못한 귀머거리 작곡가

루트비히 판 베토벤(Ludwig van Beethoven, 1770~1827)

베토벤은 1770년 독일의 본에서 태어났습니다. 3형제 중 장남이었고요. 할아버지는 쾰른 선제후 궁정의 악장이었고, 아버지 또한 할아버지처럼 쾰른 궁정에서 음악가로 활동했습니다. 하지만 아버지의 실력은 할아버지만큼은 아니었다고 합니다. 그래서 아들을 통해 음악적 욕망을 실현하려 했고, 베토벤의 유년 시절은 불행했습니다.

그 당시, 유럽 전역에 음악의 신동 모차르트가 이름을 떨쳤고, 아버지는 아들을 모차르트만큼 유명하게 만들고 싶어 했습니다. 그래서 아들의 나이를 줄여서 사람들에게 얘기하고 다녔죠. 베토벤의 진짜 나이는 만 8세였지만, 만 6세라고 속여* 사람들에게 홍보했고, 아버지의 거짓말을 알게 된 40세까지 베토벤은 자신이 두

---

* 모차르트가 첫 연주 여행을 떠났던 것이 만 6세경이었다는 것을 감안한 것 같다.

살 어린 1772년생이라고 믿고 살았습니다. 베토벤 아버지의 만행은 여기서 그치지 않았는데, 아들에게 가혹한 음악 교육을 시킨 것으로 유명합니다. 만 4세 때부터 클라비어 앞을 떠나지 못하게 한다거나, 바이올린만 주고 방 안에 가둬버리기도 했죠. 또 밤중에 술에 취해 들어와서 잠들어 있는 아들을 깨워 날이 밝을 때까지 피아노를 가르치는 일도 다반사였습니다. 그리고 음악 외의 공부는 초등교육 정도밖에 시키지 않았습니다. 어린 시절 베토벤은 라틴계 초등학교를 다녔는데 이 학교의 교육과정에는 수학과 쓰기 과정이 포함되어 있지 않아 배울 수가 없었습니다. 그래서 베토벤은 평생 산수와 철자법에 어려움을 겪었다고 합니다.

타고난 재능에 혹독한 교육이 더해진 덕분이었는지, 베토벤은 11세에 극장 오케스트라의 단원이 되었고, 13세에는 교회의 오르가니스트가 되기도 해 사람들에게 인정받았습니다. 훌륭한 스승에게 인정받고 가르침을 받을 정도로 말이죠. 8세 때부터는 에덴과 파이퍼에게 음악 이론과 오르간·피아노 연주를, 11세에는 네페로부터 작곡을 배웠습니다. 가르침을 받은 베토벤은 13세가 되던 해에 그의 곡을 처음으로 출판하게 됩니다. 하지만 아버지는 술주정뱅이였고, 어머니는 몸이 허약했기 때문에 생계를 책임질 어른이 없었고, 베토벤은 15세의 나이에 가족을 위해 피아노 교습이나 연주회 등을 통해 자신의 재능을 팔아 돈을 벌어야 했습니다.

17세가 되던 해, 베토벤은 쾰른 선제후의 배려로 빈으로 여행을 떠나게 되었습니다. 빈에 도착해 모차르트를 만났고, 그 앞에서 즉흥곡 연주를 선보였습니다. 베토벤의 연주를 들은 모차르트는 "이 젊은이를 눈여겨봐라. 언젠가 세상의 주목을 받을 것이다."라며 극찬했죠. 하지만 두 사람의 만남은 처음이자 마지막이 되었습니다. 베토벤이 빈에 도착한 지 15일 만에 어머니가 위독하다는 연락을 받고 고향으로 돌아갔는데, 그로부터 얼마 지나지 않아서 모차르트도 세상을 떠났거든요. 그리고 베토벤이 고향으로 돌아간 지 얼마 지나지 않아 그의 어머니도 결핵으로 세상을 떠났습니다. 그는 세상이 무너지는 것 같은 절망을 느꼈지만, 어머니의 죽음으로 인해 정신적으로 큰 성장을 하는 계기가 되었다고 합니다.

설상가상 아버지는 실직해서 백수가 되었고 어린 두 남동생도 있었기에 베토벤은 가족들의 생계를 위해 쾰른 선제후의 궁정에 제2 오르간 연주자로 취직했습니다. 힘든 환경이었지만, 브로이닝 집안을 알고 교류하게 되었고 브로이닝 가족들과 함께하는 것은 베토벤에게 소소한 행복이었습니다. 브로이닝 집안 아들 슈테판은 베토벤의 절친이 되어주었고요.

쾰른 선제후의 소개로 알게 된 발트슈타인 백작은 베토벤의 재능을 일찍이 알아보고 그의 첫 번째 후원자가 되어주었습니다. 베토벤은 감사의 마음을 담아 〈피아노 소나타 21번 '발트슈타인'〉을 백작에게 헌정해 감사를 표했습니다. 백작 외에도 여러 사람과 교류하며 괴테·셰익스피어·칸트·실러 등의 예술과 사상, 그리고 프랑스 혁명의 이념에 깊은 영향을 받았습니다. 베토벤이 22세 되던 해 하이든이 본을 방문했는데, 베토벤은 하이든을 만날 기회를 가졌습니다. 하이든은 이 젊은 음악가를 인정해 주며, 제자로 받아주었고요. 그해 가을에 빈으로 가서 짧은 기간이나마 하이든의 지도를 받았습니다. 그리고 같은 해 베토벤의 아버지도 세상을 떠났습니다.

베토벤은 하이든 이후에도 살리에리를 비롯한 여러 음악가에게 가르침을 받으며 여러 장르를 섭렵했습니다. 이 시기의 베토벤은 음악 공부와 작곡 활동에 열심히 임했을 뿐 아니라, 귀족의 살롱이나 공개 피아노 연주도 계속하면서 점점 유명해지기 시작했고, 왕자나 귀족 후원자를 얻어 금전적으로도 안정적인 생활을 누릴 수 있게 되었습니다. 그의 초기 대표 작품이라 손꼽히는 〈피아노 소나타 '비창'〉, 〈교향곡 1번〉과 〈교향곡 2번〉 등이 바로 이때 쓰인 곡입니다.

베토벤의 음악 인생 중기에는 그에게 닥친 최대 비극인 귓병, 난청이 악화되기 시작했습니다. 이미 26세가 되던 해부터 생긴 병이었지만, 그는 다른 사람들에게 소문이 날까 두려워하며 병을 여러 해 동안 말하지 않았고, 절친한 의사 친구인 베겔러와 목사 친구 아만다에게만 몰래 고백했다고 합니다. 그리고 남몰래 치료받았지만 낫지 않았고, 48세에서 49세가 될 무렵 청각을 완전히 잃었습니다. 하지만 베토벤은 그때까지도 왕성한 작곡 활동을 계속해 나갔습니다.

32세가 되던 해, 점점 나빠지는 귀 상태에 그는 의사의 권고로 빈 교외의 작은 마을 하일리겐슈타트로 요양을 떠났습니다. 인근 숲을 산책하고, 명상하면서 작곡에 몰두하며 여름을 보냈지만 그 해 가을, 베토벤은 두 동생의 앞으로 〈하일리겐슈타트의 유서〉라고 알려진 편지를 썼습니다. 이 편지는 그가 죽은 후 25년이 지나서 발견되었는데 아마도 나아지지 않는 귓병을 비관해 자살할 목적으로 쓰인 것으로 보입니다. 하지만 자살을 시도하지는 않았다고 전해집니다. 훗날, 유서를 써놓고도 죽지 않았던 것에 대해 그는 이렇게 이야기했습니다. "내 가슴속에 있는 창작 욕구를 다 채우기 전에는 세상을 떠날 수 없었다."

하일리겐슈타트의 베토벤 하우스

하일리겐슈타트에서 요양을 끝내고 빈으로 돌아와서도 베토벤의 귓병은 계속해서 나빠졌기 때문에, 그는 연주 활동은 줄이고 작곡에 몰두하는 식으로 음악을 이어갔습니다. 우리에게 잘 알려진 〈피아노 소나타 '월광'〉, 나폴레옹에게 헌정하기 위해 작곡되었다가 나폴레옹의 황제 즉위 소식을 듣고 제목을 바꿨다는 〈교향곡 3번 '영웅'〉과 〈피아노 소나타 23번 '열정'〉 등은 이 시기에 완성되었습니다. 이렇게 작곡에만 전념할 수 있었던 것은, 새로운 귀족과 왕족 후원자들이 있었기 때문에 가능했던 것이었고요.

베토벤이 가장 왕성하게 창작했던 시기는 32세가 되던 해부터 4~5년 정도였습니다. 교향곡으로는 〈영웅〉, 〈운명〉, 〈전원〉, 소나타로는 〈크로이처〉, 〈열정〉, 〈월광〉 등을, 베토벤의 유일한 오페라 〈피델리오〉, 그 외 여러 협주곡 등이 이 시기에 완성된 작품이죠.

빈 파스콸라티하우스(Pasqualatihaus)에 보관되어 있는
베토벤의 라이프마스크(32세 즈음 모습)

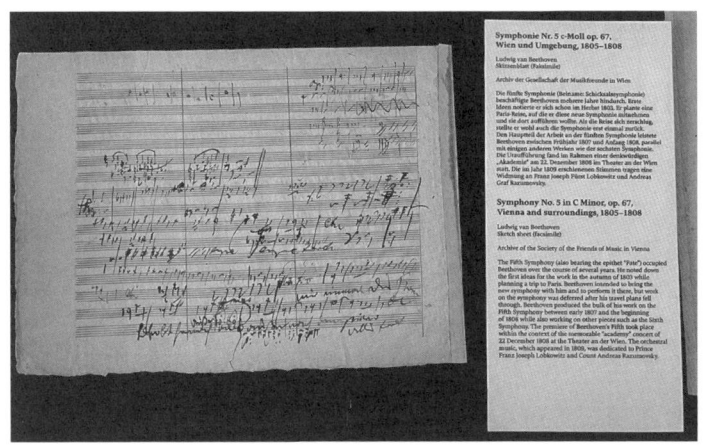

빈 파스콸라티하우스(Pasqualatihaus)에 보관되어 있는 베토벤 교향곡 5번,
C단조, 작품 번호 67번 '운명' 자필 악보(복사본)

일생을 미혼으로 살았던 베토벤이었지만, 그렇다고 해서 그에
게 사랑의 경험이 없지는 않았습니다. 절친 슈테판 브로이닝과 결
혼한 10대 때의 첫사랑 엘레오노레, 〈피아노 소나타 14번 '월광'〉
을 헌정 받은 줄리에타, 피아노 명곡집에 실려있는 〈바가텔 25번
'엘리제를 위하여'〉를 헌정 받은 테레제를 비롯하여, 그는 여러 여
성에게 작곡한 곡을 헌정했습니다.

베토벤은 원래 자신감이 강하고 자신의 음악에 자부심이 강했
던 사람이었습니다. 하지만 귓병이 악화되면서, 또 나이가 들면서,
자부심을 넘어 괴팍한 사람이 되었습니다. 옷차림을 비롯하여 외
모에는 신경도 쓰지 않았으며, 다른 사람을 대하는 태도나 예의

또한 차리지 않게 되었고요. 게다가 남동생이 사망하고 조카 카를의 후견인이 되면서부터 그의 괴팍함은 더 심해지기 시작합니다. 그의 남동생은 자신이 결핵 때문에 얼마 살지 못할 것임을 직감했고, 형인 베토벤을 아들의 후견인으로 선택했습니다. 하지만 베토벤 남동생의 아내, 즉 베토벤의 제수는 남편에게 아들의 후견인으로 아주버님인 베토벤과 함께 자신도 지정해달라고 요구했고, 그 요구대로 유언장이 작성되었습니다. 이 유언장 때문에 베토벤과 제수의 법정 다툼이 이어졌습니다. 베토벤은 제수가 조카 카를의 엄마 자격이 없는 여자니 카를을 자신이 양육해야 한다고 주장했고, 법원은 베토벤의 손을 들어 판결을 내려줬습니다.

양육권 재판에서 이긴 베토벤은, 조카를 기숙 학교에 보냈습니다. 그리고 조카에게 지나치게 집착하는 모습을 보입니다. 카를은 큰아버지의 집착을 견디다 못해 권총 자살을 감행했습니다. 하지만 다행히 총알은 카를의 두개골을 스치기만 했고, 생명에는 지장이 없었습니다. 조카를 친자식처럼 키우려 했지만, 뜻대로 되지 않아 베토벤은 많이 괴로워했습니다. 그리고 카를의 자살 미수 사건으로 인해 말로 표현할 수 없을 상실감을 느꼈고, 건강 또한 많이 악화되었습니다. 이때 베토벤은 양육권 법정 다툼을 하면서 소모된 비용과, 조카를 양육하기 위해 쓰는 돈을 벌기 위해서 작곡과 출판 활동을 쉬지 못하고 있던 상태였습니다. 그러니 체력 소모는 물론 건강 악화는 당연한 일이었죠.

이 시기에 완성된 〈장엄미사〉와 〈교향곡 9번〉은 베토벤 말년의 걸작으로 꼽힐 정도로 훌륭한 곡들이었습니다. 〈장엄미사〉는 베토벤의 후원자 중 하나였던 루돌프 대공의 올뮈츠 추기경 취임을 기념하여 작곡을 시작했는데, 완성까지 4년이나 걸린 대작이었고, 완성하여 대공에게 바쳐졌습니다.

〈장엄미사〉와 더불어 완성된 대작 〈교향곡 9번〉은 4악장에 독일 시인 실러의 시 〈환희의 송가〉에 곡을 붙인 합창 파트가 있어 '합창'이라는 부제를 가지고 있습니다. 일명 〈합창 교향곡〉이라고도 불리죠. 베토벤은 42세가 되던 해부터 이 곡의 구상을 시작했고, 청각을 완전히 상실하기 전인 47세부터 작곡을 시작해서 청각을 완전히 상실한 54세 때 완성하여 발표했습니다. 작곡만 7년, 구상을 시작한 지 12년, 실러의 시에 곡을 붙이려고 아이디어를 낸 지 31년 만에 완성한 대작이었습니다. 이 곡은 베토벤의 작품 중 가장 유명한 음악으로 현재까지도 많은 사랑을 받고 있습니다.

1824년, 빈의 케른트너토르 극장에서 교향곡 〈합창〉이 공개되었을 때 베토벤은 이미 귀가 멀어버린 상태라, 자신이 만든 교향곡 연주에서 역할을 할 수가 없었습니다. 이날 베토벤은 지휘자 옆에 자리를 잡고 악보를 보면서 연주가 제대로 진행될 수 있도록 중요한 부분에서 지시를 내렸습니다. 연주가 끝나자 청중은 기립하여 베토벤에게 열렬한 박수를 보냈습니다. 하지만 청력을 상실한 베토벤은 객석의 환호를 들을 수 없었습니다. 이때 합창에 참여했던 알토 가수가 그의 소맷단을 잡아끌어 그의 몸을 돌려세웠고, 그제야 베토벤은 청중의 열광하는 모습을 보게 되었습니다. 환호하는 청중을 향해 인사하는 베토벤의 모습에 감격한 청중은 더 큰 박수갈채와 눈물로 이 위대한 작곡가에게 화답했습니다.

56세가 되던 해 가을, 베토벤은 조카 카를과 함께 막냇동생 부부의 초대를 받아 여행을 떠났습니다. 하지만 동생 부부와 베토벤 사이에서 불화가 생겼고, 그 때문에 예정보다 이른 12월 초, 서둘러 빈으로 돌아가게 되었습니다. 돌아오는 길에 난방이 되지 않는 낡은 여관에서 하룻밤 묵게 되었는데, 이곳에서의 숙박이 베토벤의 사망에 직접적 영향을 미쳤습니다. 이미 동생의 집에서부터 건강이 좋지 않았던 노령의 베토벤에게 갑작스러운 여행, 그리고 난방조차 안 되었던 여관의 열악한 환경은 급성폐렴을 안겨주었거든요. 폐렴이 나아갈 무렵 황달이 심해졌고 복수가 차올라 그는 네 차례나 수술을 받았습니다.

죽음이 가까워지고 있을 때, 그에게 슈베르트라는 젊은 작곡가가 찾아왔습니다. 베토벤을 존경하고 있었던 젊은이는 용기를 내지 못하고 있다가, 그가 죽음을 앞두고 있다는 이야기를 듣고 찾아온 것이었죠. 슈베르트를 만나 그의 악보를 보고 감탄한 베토벤은, 너무 늦게 찾아왔다며 안타까워했고, 열심히 하라고 격려해주었습니다.

슈베르트를 만나 본 이후, 병세가 악화되어 혼수상태에 빠진 베토벤은 "너무 늦었다"는 유언을 남겼고, 눈보라와 함께 찾아온 천둥에 눈을 번쩍 뜨고 주먹을 쥔 팔을 높이 쳐든 채 세상을 떠났습니다. 그의 나이 만 56세였습니다.

빈 중앙묘지(Zentralfriedhof) 음악가의 묘역, 베토벤의 영묘.

장례식은 빈의 성 슈테판 대성당에서 진행되었고, 2만 명이 넘는 빈 시민이 이 위대한 작곡가의 죽음을 애도하기 위해 몰려들었습니다. 극작가 그릴파르처가 추도사를 작성하고 궁정 극장 배우인 안슐츠가 추도사를 낭독했으며, 슈베르트, 훔멜, 체르니* 등이 그의 관을 뒤따랐습니다. 그의 유해는 베링의 묘지에 안장되었다가, 1888년 빈 중앙묘지에 옮겨져 깊은 안식에 들었습니다.

> ## 대표 음악
>
> · 교향곡 5번 C단조 〈운명〉 Op.67(Symphony No.5 in C Minor Op.67 Schicksal)
>
> · 교향곡 6번 F장조 〈전원〉 Op.68(Symphony No.6 in F Major Op.68 Pastoral)
>
> · 교향곡 9번 D단조 〈합창〉 Op.125(Symphony No.9 in D Minor Op.125 Choral)
>
> · 피아노 소나타 8번 C단조 〈비창〉 Op.13(Sonata for Piano No.8 in C minor Op.13 Pathetique)
>
> · 피아노 소나타 14번 C#단조 〈월광〉 Op.27(Sonata for Piano No.14 in C sharp minor Op.27 Moonlight)

---

* 카를 체르니(Carl Czerny)는 베토벤의 제자로, 피아노 교재 《체르니》를 쓴 사람이다.

- 피아노 소나타 23번 F단조 〈열정〉 Op.57(Sonata for Piano No.23 in F minor Op.57 Appassionata)
- 바이올린 소나타 5번 F장조 〈봄〉 Op.24(Sonata for Violin No.5 in F Major Op.24 Frühling)
- 피델리오 Op.72(Fidelio Op.24)
- 에그몬트 서곡 Op.84(Egmont Ouverture Op.84)
- 바가텔 25번 A단조 〈엘리제를 위하여〉 WoO.59(Bagatelle in A Minor, WoO 59 Für Eliese)

추천 음악

 안토니오 파파노(지휘), 마사바네 세실리아 랑와나샤(소프라노), 제나이 브릿지스(메조 소프라노), 션 파니카르(테너), 솔로몬 하워드(베이스), 런던 심포니 오케스트라, 런던 심포니 코러스 - 베토벤 : 교향곡 9번 D단조, 작품 번호 125번 中 4악장 피날레, 프레스토 알레그로 아싸이(환희의 송가)

MY FIRST CLASS OF CLASSICAL MUSIC

3부

낭만주의 시대의 시작과 전성기

형식에서 벗어나 서정적이고 화려하게

19세기에는 낭만주의(Romanticism) 시대가 시작되었습니다. 작곡가 개인의 격렬한 감정과 상상력을 자유롭게 표현하여 예술성이 극대화되는 음악이 나왔고, 많은 사람의 취향에 맞춰 화려하고 자유로운 예술이 유행했지요. 슈베르트, 멘델스존, 슈만, 쇼팽, 리스트, 브람스와 같은 음악가가 등장했습니다.

카스파르 다비트 프리드리히의 〈안개 바다 위의 방랑자〉

슈베르트 ♫

: 안정적 직업을 가지라는 잔소리를 거부한 젊은이

프란츠 슈베르트(Franz Peter Schubert, 1797~1828)

슈베르트는 1797년 빈의 교외였던 리히텐탈에서 태어났습니다. 슈베르트는 5남매 중 4남으로, 2명의 형과 1명의 누나, 1명의 여동생과 함께 성장했습니다. 슐레지엔* 지방 출신 부모는 무척 가난했습니다. 아버지가 초등학교 교장으로 일하고 있었지만 보수가 넉넉하지 않았거든요.

궁핍한 가정환경이었지만, 아버지가 음악을 좋아했기 때문에 슈베르트와 형제들은 어릴 때부터 여러 가지 악기를 배웠습니다. 언제부터 배웠는지는 정확하게 알려지지 않았지만, 슈베르트는 아버지에게 바이올린을, 큰형에게는 피아노를 배웠다고 합니다. 그리고 아버지와 형 모두, 어린 슈베르트에게 남다른 재능이 있다는 것을 발견했습니다. 피아노를 배우기 시작한 지 얼마 지나지 않아

---

* 지금의 체코 즐라테호리,

슈베르트가 태어난 곳

12살 차이 나는 큰형을 능가하는 연주 실력을 가지게 됐거든요. 아버지는 막내아들이 8세가 되자, 듀엣 연주를 능숙하게 하는 것을 중점적으로 가르쳤습니다. 하지만 교육이 부족하다고 생각했는지, 리히텐탈 교구 성당 오르간 연주자에게 부탁해 10세의 막내아들을 가르쳐달라고 부탁했습니다. 이렇게 슈베르트는 바이올린과 피아노 연주, 가창법, 화성학 같은 기초적인 음악 이론까지 배웠습니다. 슈베르트의 선생이 이제까지 가르친 제자 중, 단연코 그가 최고의 학생이라고 추켜세울 정도로 재능이 뛰어났다고 합니다. 이 무렵부터 슈베르트의 가족들은 현악 4중주단을 만들어 집에서 연주를 즐기고는 했습니다. 아버지는 첼로, 큰형과 슈베르트는 바이올린, 또 다른 형은 비올라를 맡았습니다. 슈베르트의 작곡은, 가족 4중주단에서 연주할 현악 4중주곡을 만들면서 시작되었습니다.

　이렇게 집에서 곡도 쓰고, 마을 성당 오르간 연주자에게 음악을 배우며 성장하던 슈베르트. 2년이라는 시간을 다 채우기 전에 빈 궁정 예배당 소년 합창단*에 합격해서 들어가게 되었습니다. 이와 동시에 국립 신학교에도 입학했습니다. 합창단원들을 담당하는 교육기관이 신학교였거든요. 그는 신학교 입학 시험관이었던 음악가들에게도 배울 수 있는 기회를 가졌는데, 그중 살리에리에게 개인 교습을 꽤 오랫동안 받았습니다. 국립 신학교에 머무르던 시기 슈베르트의 음악성은 날로 성숙해졌고 본격적인 작곡을 시작했습니다. 11세부터 16세까지 신학교에 머무는 5년간 교향곡과 오페라, 실내악 작품들을 비롯해서 140여 개의 가곡을 작곡했습니다. 또 국립 신학교 학생 오케스트라의 지도자가 퇴임하자, 제1 바이올린 연주자이자 리더 역할을 맡아 오케스트라를 이끌기까지 할 정도의 음악성을 갖추게 되었습니다.

　하지만 16세가 되자, 슈베르트에게도 사춘기와 함께 변성기가 찾아왔습니다. 목소리가 변한 그는 합창단에 더 머물 수 없게 되었습니다. 그가 신학교에 머문 시간은 5년으로, 이 시간은 31세의 짧은 삶을 살아간 그에게 큰 자산이었습니다. 평생의 친구가 된 슈파운도 이때 만난 소중한 인연 중 하나였죠. 그는 슈베르트보

---

* 지금의 빈 소년 합창단.

다 7살이 더 많았지만, 어린 슈베르트의 음악적 재능을 일찌감치 알아보고 응원해줬던 친구였습니다. 가난했던 친구에게 오선지를 사주기도 했고, 첫 오페라 관람을 권유하기도 했으며, 슈베르트가 신학교를 떠난 이후에도 그의 곡을 정리하고 보관했지요. 여러 사람에게 친구의 음악성을 알리기 위해 노력하기도 했는데, 훗날 슈베르트가 짧은 생을 마무리하고 떠난 후에도 친구의 음악을 정리해 출판을 도와 삶과 음악을 기록으로 남기기도 했습니다.

　신학교를 나온 슈베르트는 징집을 피하기 위해 아버지의 학교에서 일하기로 했습니다. 일정 연령이 되면 의무적으로 군 복무를 해야 했는데, 직업으로 학교 선생을 하면 피할 수 있었죠. 당시의 오스트리아는 나폴레옹과의 전쟁 직후라 군사적 긴장감이 감돌았고, 징집되면 전장에 투입될 확률이 무척 높았습니다. 슈베르트는 병약했고 왜소했으므로 군대에 가서 적응하지 못할 것을 염려했고, 또 음악가로서의 활동을 이어가야 한다고 생각했기 때문에 결정한 방법이었습니다. 그의 아버지는 아들이 자신처럼 안정적인 직업을 갖고 평탄하게 살기를 바랐기에 사범학교를 추천했습니다. 슈베르트는 교사 자격증을 얻기 위해 1년간 사범학교에 입학해서 교사 양성 과정을 이수했고, 이후 21세가 되는 해까지 4년간 아버지의 학교에서 보조 교사로 일했습니다. 어쩔 수 없이 선택한 길이었기 때문에 그는 아이들을 가르치는 일에 흥미를 느끼지 못하고 괴로워했죠. 대신 학교 일을 하지 않을 때는 작곡에 몰두하며 많은 곡을 완성했습니다.

고향으로 다시 돌아온 이후, 17세의 슈베르트는 이웃이자 소꿉친구인 테레제와 사랑에 빠졌습니다. 그녀는 리히덴탈 성당 합창단에서 활동하는 소프라노 가수이기도 했습니다. 슈베르트는 그녀를 위한 곡도 많이 작곡했고, 슈베르트의 첫 미사곡 첫 공연 때 그녀가 소프라노 솔로를 맡기까지 했으니, 슈베르트에게 그녀는 뮤즈나 다름없는 존재였습니다. 둘은 서로 사랑했지만 테레제의 부모가 결혼을 반대했습니다. 슈베르트의 수입이 안정적이지 않다는 이유에서였죠. 결국 그녀는 안정적인 직업을 가진 다른 남자와 결혼했고, 그는 큰 상실감에 빠졌습니다.

고향으로 돌아온 두 번째 해는 슈베르트의 짧은 일생에서 중요한 해였습니다. 교향곡 1곡, 9개의 교회 음악, 140곡이 넘는 가곡을 작곡했으며, 슈파운으로부터 작곡가 휘텐브레너, 시인 쇼버, 시인 마이어호퍼 세 친구를 소개받은 해였거든요. 친구들 모두 슈베르트가 삶을 마칠 때까지 곁에서 큰 도움이 되었습니다. 살 곳을 마련해 준다거나, 돈이 없어 어려워할 때 도움을 준다거나 하면서요. 슈파운은 넓은 집으로 이사를 한 후, 가장 먼저 슈베르트를 초대하여 한동안 자기 집에서 머물게 했습니다. 그때 슈베르트가 약간의 우울증 증상을 보이고 있었기 때문이었죠. 쇼버는 슈베르트가 아버지의 학교에서 재능을 썩히는 것을 안타까워했고, 음악가의 길을 걷는 것을 설득했습니다. 이에 슈베르트는 고향집을 떠나 쇼버와 그의 어머니가 사는 집에 얹혀살면서 작곡을 계속했습니다. 또 쇼버는 당시 인기 최정상의 성악가 바리톤 포글을 소개해 줬습니다. 포글과의 만남은 슈베르트에게 큰 도움이 되었습니다. 슈베르트가 작곡한 가곡을 포글이 불러 소개하고는 했거든요. 작곡가였던 휘텐브레너와 그의 동생도 슈베르트의 든든한 응원자였습니다. 친구들은 슈베르트의 재능을 자신들만 알아보는 현실을 안타까워했습니다. 그래서 세상에 그의 음악을 알리기 위해 무척 애를 썼죠. 이들은 슈베르트가 괴테의 시에 곡을 붙인 가곡 16곡을 묶어 가곡집으로 만들어 괴테에게 보내기도 했습니다. 적성에 맞지 않는 선생 일을 하느라 우울했던 슈베르트는 그를 인정해 준 친구들이 곁에 있었기에 작곡을 많이 할 수 있었습니다. 수많은 가곡, 〈교향곡 4번 '비극적'〉, 〈교향곡 5번〉, 〈미사곡 4번〉, 〈피아노 소나타 7번〉, 〈피아노 소나타 11번〉 등이 이 시기에 쓰인 작품입니다.

결국 21세의 슈베르트는 교사직을 그만뒀습니다. 본격적으로 작곡가의 길을 걷기로 마음을 먹은 그해 봄에는 그의 작품이 처음으로 세상에 발표되었기 때문에 무척 의미 깊은 해였습니다. 빈에서 〈이탈리아 서곡〉이 세상에 공개되었거든요. 이 연주회 이후, 빈을 비롯한 각국의 언론으로부터 좋은 평가를 받았습니다. 그리고 같은 해 여름에는 에스테르하지 두 공작 영애의 음악 선생이 되어 헝가리 젤라츠*에 위치한 에스테르하지 가문의 여름 별장으로 떠났습니다. 에스테르하지 아가씨들에게 피아노와 노래를 가르치는 일은 그다지 힘들지 않았으며, 보수도 하는 일에 비해 후한 편이었습니다. 이 시기 슈베르트가 친구들에게 보낸 편지를 통해 알 수 있었던 점은, 그가 새로운 일에도 의욕을 보이고 있었다는 것, 그리고 작곡도 열심이라 여름 한 계절 동안 많은 곡을 지었다는 점입니다.

그렇게 여름 한 철을 에스테르하지 가문에서 보낸 슈베르트는 다시 빈으로 돌아왔습니다. 그리고 고향집으로 돌아가지 않고 친구 마이어호퍼와 함께 살기 시작했습니다. 그가 마이어호퍼 집에서 지내며 겨울 내내 매달린 것이 오페레타** 〈쌍둥이 형제〉입니다. 이 작품은 포글의 후원을 받아 공연을 올릴 예정이었지만 공연이 연기되었습니다. 공연이 연기되자, 포글은 슈베르트에게 자신의 고향 지역인 북오스트리아의 슈타이어로 여행을 떠나자고 제안했습니다. 〈피아노 소나타 13번 A장조〉, 〈피아노와 현을 위한 5중주 '송어'〉가 포글과 함께 떠난 여행에서 작곡된 작품들입니다. 여행에서 돌아온 이후에도 그는 시에 곡을 작곡해 붙이는 데 열중

---

* 현재의 슬로바키아 젤리에조우체.
** 이탈리아어 오페라(Opera)에 축소형 어미 '-etta'가 붙은 것으로 '작은 오페라'라는 의미다. 오페레타는 오페라에 비해 작은 규모로 대사와 노래, 무용 등이 섞인 경가극이다. 가벼운 희극 속에 통속적인 노래와 왈츠·폴카·캉캉 등의 춤을 넣어 오락성이 풍부하다.

했고, 룸메이트였던 마이어호퍼의 시, 그리고 괴테의 시 〈프로메테우스〉에도 곡을 붙였습니다. 그리고 다음 해 여름, 이전 해에 연기되었던 오페레타 〈쌍둥이 형제〉가 빈에서 첫 공연을 하게 되었습니다. 친구이자 바리톤인 포글이 쌍둥이 형제 1인 2역을 맡았고, 엄청난 성공까지는 아니었지만, 슈베르트와 친구들 모두 어느 정도 만족할 만한 성과를 거뒀죠. 이 성공에 힘입어 연극 〈마술 하프〉에 붙인 부수 음악도 발표될 수 있었고, 이 부수 음악에 들어간 곡 중 〈로자문데〉 서곡이 많은 사람에게 사랑받게 되었습니다.

이후 친구와 후원자뿐 아니라, 많은 사람에게 슈베르트의 이름이 알려지게 되면서 그의 곡을 찾는 사람도 자연스레 늘었습니다. 존라이트너 백작의 가족들도 이런 경로로 이 시기 그의 음악에 관심을 가지게 되었죠. 백작은 베토벤의 친구이자 변호사였고, 극작가로도 활동했던 인물이었으며, 빈 악우협회의 창립 멤버이기도 했고, 빈 궁정 극장의 초대 사무총장을 지낼 정도로 음악에도 조예가 깊었습니다. 백작의 아들 레오폴트는 슈베르트에게 포글만큼 중요한 후원자이자 친구가 되었습니다.

한편 존라이트너와 포글, 슈파운 등 친구들은 슈베르트가 세상의 인정을 받지 못하는 것이 안타까워 그의 곡을 출판하는 데 힘쓰기 시작했습니다. 친구들은 가곡 〈마왕〉의 출판을 위해 후원 운동을 벌였고, 덕분에 〈마왕〉뿐 아니라 여러 곡이 출판될 수 있었습니다. 출판업자와 7개 곡을 더 출판했고, 그 덕분에 슈베르트는 저작권료를 챙길 수 있었습니다. 당시엔 저작권에 대한 인식이 희박했기 때문에 작품에 대한 출판으로 받을 수 있는 돈은 극히 적었습니다. 그럼에도 악보 출판 덕분에 슈베르트의 곡들은 빈의 사교계에서 꽤 인기를 끌 수 있었습니다. 이 무렵 '슈베르티아데(Schubertiade, 슈베르트의 밤)'라는 모임이 조직되었습니다. 슈베르트의 친구들이 중심이 되어 그의 음악을 즐기는 이들의 모임이었죠. 이 모임은 주로 부유한 상인, 시의원과 같은 중산층 계급의 살롱에서 열리고는 했습니다.

하지만 여전히 오페라나 대중 연주회에서는 슈베르트의 이름이 널리 알려지지 않았습니다. 그렇다고 슈베르트와 친구들이 노력을 게을리하지는 않았습니다. 짧은 휴가를 보내러 가서도 오페라 공연을 추진하기도 했고, 여러 가지 시도를 했습니다. 하지만 많은 노력이 결과적으로 실패하거나, 뒤늦게 결실을 맺고는 했습니다. 슈베르트는 오페라 분야에서 성공하기를 원했지만, 그가 인정받은 것은 가곡과 기악곡 분야였습니다.

25세가 되던 해 가을에는 〈교향곡 8번〉을 작곡하기 시작했는데, 슈베르트는 끝내 이 곡의 남은 2개 악장을 작곡하지 못한 채, 친구인 휘텐브레너에게 악보를 맡긴 후 세상을 떠났습니다. 이 곡은 슈베르트가 세상을 떠난 지 37년 뒤, 지휘자 헤르베크가 휘텐브레너의 집에서 우연히 악보를 발견하고 연주를 진행해 세상 사람들에게 널리 알려지게 됩니다.

이 시기의 슈베르트는 매독으로 추정되는 성병에 걸려 무척 고생했습니다. 그 때문에 외부 활동을 거의 하지 않은 채 집에 머물고 있었는데, 그럼에도 불구하고 끊임없이 작곡에 몰두하고 있었습니다. 단막 오페레타를 비롯해 여러 곡을 작곡했는데, 이 시기에 작곡한 곡 중 지금까지도 큰 사랑을 받는 작품이 있으니, 연가곡집 〈아름다운 물방앗간의 아가씨〉입니다.

슈베르트의 병은 낫지 않았습니다. 계속해서 나아졌다 나빠지기를 반복하며 입원과 퇴원을 거듭했죠. 병원을 오가는 동안에도 그는 작곡을 이어갔습니다. 오페라와 연극을 위한 부수 음악, 〈현악 4중주 A단조〉, 〈현악 4중주 D단조〉, 〈현과 목관을 위한 8중주 F장조〉 등 계속해서 곡을 써나갔죠.

하지만 그의 상태는 이미 만신창이였습니다. 이 시기 지인에게 보낸 편지에는 '세상에서 가장 불운하고 가장 가엾은 사람이 나'라고 이야기할 정도였으니까요. 건강은 이미 무너질 대로 무너져 있었고, 금전적인 상황도 최악으로 치닫고 있었습니다. 그래도 죽으란 법은 없는지, 에스테르하지 가문에서 다시 그를 음악 선생으로 불러주었고, 그 덕에 경제적 사정이 나아지면서 건강도 조금씩 회복되었습니다. 의욕적으로 작곡을 했고, 악보 출판도 급격히 늘어났죠. 마지막 교향곡인 〈교향곡 9번〉도 이 무렵에 시작해 3년간 작업을 이어갔습니다.

슈베르트가 27세가 되던 해, 스승 살리에리가 빈의 궁정 악장

자리에서 은퇴하자, 부악장이 악장으로 승진하며 부악장 자리가
비게 됩니다. 그래서 그는 궁정 부악장 자리에 지원했지만 탈락하
고 말았습니다. 이 실패 이후 슈베르트의 삶은 손쓸 수 없을 정도
로 망가졌습니다. 더 이상 오페라를 쓰려 하지도 않았고, 안정된
벌이를 찾으려 하지도 않았습니다. 건강도 계속 안 좋아졌고요.
그래도 작곡은 계속하여서 슈베르트의 가장 대표적인 작품인 연
가곡 〈겨울 나그네〉의 첫 12곡은 이 무렵에 작곡됐습니다.

　3년 뒤, 30세가 된 슈베르트는 그토록 존경해 마지않던 베토벤
을 만날 기회를 가졌습니다. 두 사람은 겨우 2킬로미터 정도의 거
리에 살고 있었지만, 슈베르트의 소심한 성격 때문에 베토벤을 찾
아갈 용기를 못 내고 있었죠. 하지만 베토벤이 위독하다는 소식
을 듣고 어렵사리 용기를 냈던 것이었습니다. 슈베르트를 보고 베
토벤은 분명 세상에 빛나는 음악가가 될 것이라고 격려하지만, 그
것이 처음이자 마지막 만남이 되고 말았습니다. 이 만남 일주일
뒤에 베토벤이 세상을 떠났거든요. 슈베르트는 베토벤의 장례가
치러지는 운구 행렬에 섞여 그의 관을 들었는데, 베토벤의 죽음으
로 겪은 심적 충격은 어마어마했습니다.

　베토벤의 장례를 치른 슈베르트는 기분 전환을 위해 그라츠로
여행을 다녀왔고, 그 이후 〈피아노 소나타 C단조〉와 연가곡집 〈겨
울 나그네〉의 2부 작곡에 몰두했습니다. 이 시기에는 꽤 많은 피
아노 독주곡을 썼습니다.

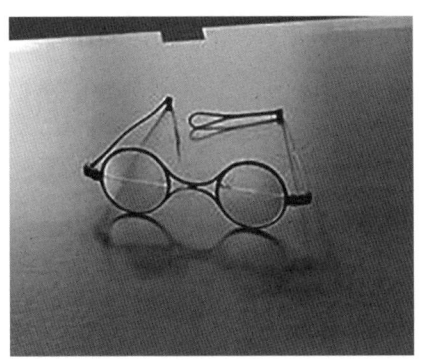

슈베르트가 살아생전 착용하던 안경

다음 해에는 9번째 교향곡인 〈그레이트〉, 〈미사곡 6번〉, 마지막 세 개의 피아노 소나타와 〈현악 5중주〉 등 여러 곡을 완성해냈습니다. 이뿐만 아니라 연가곡집 《백조의 노래》도 출판했고요. 이 해는 슈베르트의 짧은 인생 중 가장 기념적인 해였는데, 대중 연주회에서 처음으로 성공을 거두었습니다. 연주회는 질적으로도 그리고 경제적으로도 모두 성공적인 결과를 도출할 수 있었습니다. 이 연주회의 성공으로 슈베르트는 난생처음 자신의 피아노를 살 수 있게 되었고요.

하지만 슈베르트트의 건강은 계속 좋지 않았고, 여름에 셋째 형의 집으로 옮겼습니다. 여전히 곡 작업은 계속했고요. 하지만 가을에 오염된 물을 마시고 티푸스에 걸렸는데, 이 때문에 그는 31세의 나이로 세상을 떠났습니다. 가족들은 슈베르트가 생전에

원했던 대로, 그를 베토벤 곁에 묻어주었습니다. 이후 1888년에 빈 중앙묘지로 두 사람의 묘가 모두 이장되어 현재까지 나란히 누워 평화롭게 쉬고 있습니다.

빈 중앙묘지(Zentralfriedhof) 음악가의 묘역에 위치한 슈베르트의 영묘

대표 음악

- 교향곡 5번 B♭장조, D.485(Symphony No.5 in B flat Major, D.485)
- 교향곡 8번 B단조 '미완성', D.759(Symphony No.8 in B Minor 'Die Unvollendete', D.759)
- 교향곡 9번 C장조 '그레이트', D.944(Symphony No.9 in C Major 'Die Grosse', D.944)
- 피아노 5중주곡 A장조 '송어', D.667 Op.114(Piano Quinter in A Major 'Die Forelle', D.667 Op.114)
- 현악 4중주곡 13번 A단조 '로자문데', D.804 Op.29(String Quartet No. 13 in A Minor 'Rosamunde', D.804 Op.29)
- 현악 4중주곡 14번 D단조 '죽음과 소녀', D.810(String Quartet No. 14 in D Minor 'Der Tod und das Mädchen', D.810)
- 바이올린과 피아노를 위한 소나타 대환상곡 C장조, Op.159(Fantasy for Violin and Piano in C Major, D.934 Op.159)
- 피아노 3중주곡 2번 E♭장조, D.929 Op.100(Piano Trio No. 2 in E flat Major, D.929 Op.100)
- 아르페지오네 소나타 A단조, D.821(Arpeggione Sonata in A Minor, D.821)
- 방랑자 환상곡 C장조, D.760 Op.15(Wanderer Fantasy in C Major, D.760 Op.15)
- 즉흥곡, D.899 Op.904(Impromptus, D.899 Op.90)
- 악흥의 순간, D.780 Op.94(Moments musicaux, D.780 Op.94)

- 3개의 군대 행진곡, D.733 Op.51(Three Marches Militaires, D.733 Op.51)
- 가곡집 《아름다운 물레방앗간의 아가씨》, D.795(Die schöne Müllerin, D.795)
- 가곡집 《겨울 나그네》, D.911(Winterreise, D.911)
- 가곡집 《백조의 노래》, D.957(Schwanengesang, D.957)
- 마왕, D.328 Op.1(Erlkönig, D.328 Op.1)
- 들장미, D.257 Op.3-3(Heidenröslein, D.257 Op.3-3)
- 송어, D.550 Op.32(Die Forelle, D.550 Op.32)
- 아베 마리아, D.839 Op.52-6(Ave Maria, D.839 Op.52-6)
- 그대는 나의 안식처, D.776 Op.59-3(Du bist die Ruh, D.776 Op.59-3)
- 물 위에서 노래한다, D.774 Op.72(Auf dem Wasser zu singen, D.774 Op.72)
- 음악에 부쳐, D.547 Op.88-4(An Die Musik, D.547 Op.88-4)
- 자장가, D.498 Op.98-2(Wiegenlied, D.498 Op.98-2)
- 들어라 들어라 종달새, D.889(Horch, horch die Lerch Standchen Von Shakespeare, D.889)

추천 음악

 악셀 뤼크빈(바리톤), 피어스 레인(피아노) - 슈베르트 : 송어 D.550, Op.32

멘델스존

: 재능·외모·인기·집안을 다 가진 삶

펠릭스 멘델스존(Jacob Ludwig Felix Mendelssohn-Bartholdy, 1809~1847)

멘델스존은 1809년 독일의 함부르크에서 태어났습니다. 그의 집안은 유대인 명문가였고, 아버지는 파리와 함부르크에서 큰 은행을 운영했으며, 어머니도 은행가의 딸이었기에 명문 은행 가문의 결합으로 태어난 금수저였죠. 멘델스존은 2남 2녀 중 둘째이자 장남으로 태어났는데, 첫째인 누나 파니와는 평생토록 큰 영향을 주고받았습니다.

멘델스존은 유복한 환경에서 성장했습니다. 집안도 좋고 금전적으로 어려움도 없었을뿐더러, 아버지는 은행가로 일하며 사회에서 인정받았고, 그에 따라 아버지와 교류하는 인물 또한 사회 지도층이거나 이름만 대면 알아주는 유명 인사들이었습니다. 철학자 헤겔, 시인 티크와 하이네, 그림 형제 중 형인 야콥, 작곡가 훔멜, 슈퍼어, 스폰티니, 베버… 이렇게 유명한 아버지 친구들이 멘델스존이 살고 있던 저택을 오갔고, 아버지 친구들과 함께하는 시간은 멘델스존 남매에게 좋은 교육 기회가 되었습니다. 더불어 부모님 모두 자식 교육에 관심이 많았기 때문에, 멘델스존 4남매는 음악, 미술, 외국어, 스포츠 등 분야별 개인 교사를 붙여 교육을 받았다고 합니다. 멘델스존의 음악 교육은 어머니로부터 시작되었습니다. 어머니는 자녀들이 아주 어렸을 때부터 피아노 교육을 시켰습니다. 그리고 아버지 사업차 떠난 파리 여행에서 멘델스존은 누나와 함께 베토벤의 친구이기도 했던 피아니스트에게서 피아노를 배울 수 있었습니다. 또 유명 바이올리니스트에게서 바이올린도 배웠다고 합니다.

파리에서 다시 베를린 집으로 돌아가는 길에는 바이마르에 들렀는데, 이때 시인 괴테를 만났습니다. 이때 괴테와 많은 사람들을 앞에서 멘델스존 남매 악기를 연주했습니다. 당시에 누나가 14세, 멘델스존은 고작 10세에 불과한 나이였지만 타고난 재능과 새로운 연주 기법을 익히는 능력 등이 남달랐기에 남매의 연주는 많은 사람들을 놀라게 만들었다고 합니다.

멘델스존의 아버지는 아들을 베를린의 사립학교에 입학시켜 공식적인 교육을 시켰습니다. 하지만 얼마 지나지 않아 학교를 그만두게 하고 집에서 가정 교사를 고용해 배우게 했습니다. 멘델스존 부모의 가정 교육은 수학, 역사, 지리학, 현대어와 고전어를 비롯한 어학, 미술, 체육에 이르기까지 공식적인 교육기관 뺨칠 정도로 교육 과목 전반에 걸쳐 있었고, 음악 분야의 경우 베르거와 첼터와 같은 유명 음악가를 고용해 피아노와 작곡을 가르쳤습니다.
멘델스존 저택에서는 가족 전속 오케스트라를 고용해 정기적으
로 연주회를 열었는데, 이 연주회에서 멘델스존이 작곡한 곡들이
연주되고는 했습니다. 10대 초반 소년 멘델스존은 피아노 소품,
바이올린 소나타, 현악 교향곡 등 여러 장르의 곡들을 작곡했고,
이미 기교가 넘치는 연주 실력을 가지고 있었습니다.

요한 볼프강 폰 괴테(Johann Wolfgang von Goethe, 1749~1832)

12세가 된 해 멘델스존은 음악 스승인 첼터와 함께 바이마르를 다시 방문해서 시인 괴테를 다시 만났습니다. 첼터와 괴테는 깊은 친분이 있었거든요. 70대의 괴테는 고고하고 아무나 상대하지 않는 사람이었지만, 12세의 어린 소년 멘델스존에게만은 예외였다고 합니다. 매일 소년의 연주를 듣고 함께 식사를 했으며, 같이 산책도 나갔습니다.

파니 멘델스존(Fanny Mendelssohn, 1805~1847)

멘델스존보다 4살 많은 누나 파니는 멘델스존에게 평생의 소울 메이트 같은 존재였습니다. 멘델스존의 음악성도 신동이라 할

만큼 뛰어났지만, 파니의 음악성도 남동생 못지않은 천재적인 것이었다고 합니다. 14세에는 바흐의 〈평균율 클라비어곡집〉의 24개 전주곡을 모두 외워 연주할 실력을 가지고 있었고, 남매의 음악 선생이었던 베르거와 첼터 모두 뛰어난 피아노 실력을 인정하며 '남자처럼 연주한다'고 칭찬하기도 했으니까요. 음악 신동 모차르트에 비견될 정도인 남동생과 대등하게 음악 이야기를 나누었고, 멘델스존은 누나를 '지혜의 여신 미네르바'라고 부르며 의견을 존중했다고 하니 파니 멘델스존의 음악성이 얼마나 뛰어났는지 알 수 있을 겁니다. 하지만 그들이 살았던 시대가 19세기 초반이었던 것을 생각하면, 아무리 뛰어난 음악성을 가지고 있다 하더라도 여자는 음악가로 살 수 없었습니다. 남매의 아버지도 음악 공부를 전폭적으로 지지해주고 응원해주기는 했지만, 맏딸이 음악인이 되는 것을 반대했고요. 아들인 멘델스존에게는 음악이 직업이 될 수 있다고 했지만, 딸인 파니에게는 '장식품'에 불과하다고 했거든요.

멘델스존은 소년이었음에도 장르를 가리지 않고 다양한 곡을 써냈습니다. 교향곡, 협주곡, 실내악곡, 소품, 오페라에 이르기까지 말이죠. 말이 쉽지, 음악적인 모든 것이 결합되어야 만들 수 있는 것이 교향곡이라는 점을 감안한다면, 10대의 소년이 다양한 장르의 곡을 작곡한다는 것은 놀라운 일이었습니다. 그가 작곡한 수많은 곡 중, 멘델스존의 대표곡으로 손꼽히는 극음악 〈한여름 밤의 꿈〉은 그의 나이 17세 때 처음 시작되었습니다. 셰익스피어의 희극 〈한여름 밤의 꿈〉을 기초로 17세의 나이에 서곡을 완성했고, 17년 이후 몇 곡의 음악을 덧붙여 곡집으로 완성해냈습니다. 그중 가장 많은 사람들에게 알려진 곡은 무엇일까요? 〈결혼 행진곡〉입니다. 결혼식장에서 신랑과 신부의 퇴장곡으로 자주 쓰이는 이 곡은 바그너의 오페라 〈로엔그린〉의 3막에 나오는 결혼 행진곡과 함께 결혼식장에서 흔히 들리죠.

소년 멘델스존은 유대인이었고, 당시 사회에 반유대주의가 확산되고 있었던지라 부자 부모의 보호 아래에서 온실 속의 화초처럼 자라고 있었습니다. 하지만 언제까지고 그렇게 지낼 수만은 없었죠. 더구나 대중적인 음악을 하는 음악가로서, 그의 명성과 이름에도 책임질 수 있어야 했습니다. 16세에 작곡한 오페라 〈카마코의 결혼식〉 공개 후 혹평을 받았는데, 이는 그에게 처음 있는 일이었습니다. 이를 계기로 그는 작품 창작에 신중해졌고, 진로를 고민하다가 베를린 대학에 입학해 교육받았습니다. 새로운 친구들을 사귀었고, 헤겔의 미학 강의도 열심히 들었습니다. 특히 인문학 분야에 깊은 관심을 보였다고 합니다.

멘델스존은 지휘자로서도 활발하게 활동했는데, 20세가 되던 해, 베를린 징아카데미에서 바흐가 죽은 뒤 최초로 〈마태 수난곡〉을 지휘하여 19세기에서 20세기 사이 붐이 일어난 바흐 부흥 운동의 계기를 마련했습니다. 바흐의 곡 중 바흐가 그의 자녀나 제자들을 위해 작곡한 피아노곡은 당시까지 잘 전해지고 있었고, 멘델스존 남매가 악기를 배울 때도 연주했었습니다. 하지만 합창과 독창을 비롯한 성악곡은 사람들의 기억 속에서 잊힌 지 오래였습니다. 멘델스존은 〈마태 수난곡〉 지휘를 계기로 천재 작곡가, 뛰어난 피아니스트 외에 고음악의 권위 있는 해석자, 대표적인 지휘자로서도 발돋움할 수 있게 되었습니다.

멘델스존은 어릴 때부터 여행을 자주 다녔습니다. 여행은 익숙한 곳을 떠나 새로운 사람들을 만나고 새로운 음악을 접하며, 새로운 악상의 영감을 받는 창작의 필수 요소였거든요. 런던, 스코틀랜드, 웨일스를 아우르는 대영제국 여행과 독일, 오스트리아, 이탈리아, 스위스, 프랑스를 여행하고 마지막으로 런던까지 돌아보고 돌아온 유럽 전역 투어로 멘델스존의 여행은 2회로 나누어 볼 수 있겠습니다.

20세에 떠난 첫 번째 여행은 영국 여행이었습니다. 런던 필하모닉 협회와의 공연을 위해서 떠난 여행이었죠. 공연이 끝난 후 여름에는 스코틀랜드로 떠나 에딘버러와 하이랜드의 대자연을 즐겼습니다. 스코틀랜드에서 웨일스를 거쳐 런던으로 다시 돌아온 멘델스존은 다가오는 부모님의 은혼식을 위해 작곡하고 있던 가곡집과 누나 파니의 결혼식을 위한 오르간 곡을 작곡했습니다. 하지만 마차 사고로 두 달은 꼼짝없이 침대에 누워 지내야 했고, 누나 파니의 결혼식에 참석할 수 없었습니다.

멘델스존의 누나 파니는 음악가로서의 삶이 아닌, 결혼해 한 남자의 아내로서 가정을 위해 살게 되었습니다. 하지만 결혼 후의 삶이 크게 변하진 않았습니다. 남편은 아내의 음악적 재능을 인정하고 지지해 주었고, 파니는 여전히 음악을 작곡하고 연주했습니다. 동생이 마차 사고로 결혼식에 참석하지 못하게 되자, 직접 오르간곡을 작곡해 결혼식에 사용하기도 했거든요. 결혼하고 다음 해에는 아들도 얻으며 행복한 결혼생활을 이어갔습니다. 하지만 이후 여러 차례 유산을 겪고, 특히 딸을 사산한 후 우울증 증세를 보냈습니다. 그녀는 우울증을 음악으로 극복하려 합니다. 그녀는 어린 시절 아버지가 열었던 일요 음악회를 부활시켜 살롱 음악회를 열었습니다. 동생 멘델스존도 누나의 이런 활동을 응원하고 지지해줬으며 음악회를 위해 새로운 음악까지 작곡해줬습니다. 파니는 피아노곡, 가곡, 실내악, 칸타타, 오케스트라 서곡 등 평생 450곡이 넘는 작품을 작곡했습니다. 물론 자신의 이름을 내걸고 음악가로서 활동할 수는 없었기에 몇몇 작품은 남동생인 멘델스존의 이름으로 출판하기도 했죠.

멘델스존은 집으로 어렵사리 돌아온 이후 한동안은 베를린에 머물며 가족들과 행복한 시간을 보냈습니다. 독일에 머물던 시기에는 나이 많은 친구인 시인 괴테를 찾아 바이마르에 다녀오기도 했고요. 그리고 10개월 정도 재충전을 한 후 다시 긴 여행을 떠났습니다. 그는 뮌헨과 빈, 이탈리아의 베네치아, 피렌체, 로마를 방문했습니다. 그가 로마에 머물 때, 파리 음악원의 로마 대상 포상으로 유학 온 프랑스 작곡가 베를리오즈를 만나는 일도 있었습니다. 성격이 매우 달랐던 두 사람이었지만, 두 달간 단짝처럼 붙어 다녔다는군요. 로마 이후에는 나폴리, 폼페이 등 남부 이탈리아를 두루 둘러보고, 돌아오는 길에는 스위스 인터라켄과 라우터브루넨, 파리를 들러 2년 만에 집으로 돌아왔습니다. 이탈리아를 여행하는 동안 멘델스존은 교향곡 4번 〈이탈리아〉를 작곡했고, 이 곡은 지금까지도 사랑받는 멘델스존의 대표곡이 되었습니다. 그리고 베를린으로 돌아온 23세의 멘델스존은 여행 동안 완성한 곡을 발표합니다. 〈무언가 곡집〉 1권이었죠.

멘델스존은 유럽 전역에서 유명한 음악가였지만, 특히 영국에서 명성이 높았습니다. 38년 짧았던 그의 인생 중에서 열 번이나 영국을 방문할 정도였거든요. 버킹엄 궁전에서 빅토리아 여왕과 앨버트 공 부부를 알현하기도 했고, 교향곡 3번인 〈스코틀랜드〉는 빅토리아 여왕에게 바쳐지기까지 했습니다. 특히 37세 때는 버밍엄 음악제에서 오라토리오 〈엘리야〉를 공개해 엄청난 성공을 거뒀는데, 헨델의 〈메시아〉에 버금가는 걸작이라 평가받으며 영국에서 영향력 있는 작곡가가 되었습니다.

2년간의 여행을 마치고 돌아온 직후, 멘델스존은 24세의 나이로 뒤셀도르프의 음악 감독이 되었습니다. 지휘자로서 1년에 8번의 연주회와, 뒤셀도르프의 모든 교회에서 사용되는 예배음악을 책임지게 된 것이죠. 그는 베르디, 모차르트, 하이든, 헨델과 같은 선배 음악가들의 음악을 오케스트라와 합창단이 연주하게 만들었으며, 뒤셀도르프 근처의 도서관을 뒤져 뒤셀도르프의 교회에서 연주할 음악들을 발굴했습니다. 그의 첫 번째 오라토리오였던 〈성 바울〉도 작곡하기 시작했고요. 하지만 멘델스존은 동료들과 관계가 악화되어 1년 반 남짓을 보낸 후 그만두고 맙니다. 그리고 바로 라이프치히 게반트하우스 오케스트라의 지휘자로 자리를 옮겼습니다. 뒤셀도르프 시절보다 높은 봉급, 그리고 1년에 6개월의 휴가가 주어졌죠. 멘델스존은 연주보다 작곡에 집중하고 싶어 했고, 그러자면 다른 잡무를 하는 시간이 줄어든 게 좋았습니다. 라이프치히는 당시 독일의 주요 문화 중심지이기도 했고, 그가 함께 일하는 게반트하우스 오케스트라는 오랜 역사와 전통을 가진 명문 악단이라는 것도 장점이었습니다. 그는 12년간 라이프치히를 거점으로 활동했고 그 시간 동안 쇼팽, 슈만과 친교를 맺었습니다.

라이프치히로 옮겨 와서 몇 달 뒤, 멘델스존의 아버지가 세상을 떠났다는 소식이 날아들었습니다. 그는 장례를 치른 후 아버지를 잃은 상실감에 몇 달 동안 오라토리오 〈성 바울〉 작곡에 매진했습니다. 그리고 작곡을 시작한 지 2년 만에 곡을 완성했습니다. 〈성 바울〉과 뒤이어 발표한 곡들, 그리고 음악 감독으로서 선택하는 연주 프로그램들이 계속 성공을 거두면서, 멘델스존의 이름은 전 독일에서 흥행 보증 수표로 알려지게 되었습니다.

그리고 개인적인 생활에도 봄이 찾아왔습니다. 27세의 멘델스존은 뒤셀도르프에서 열린 니더라인 음악제에서 지휘를 하고 잠시 프랑크푸르트에 머물렀는데, 이때 지인의 초대로 방문한 집에서 18세의 세실을 처음 만났습니다. 첫눈에 반한 그는 적극적으로 구애했고 약혼 후 다음 해 3월에 결혼식을 올렸습니다. 그리고 두 사람 사이에서는 5명의 아이가 태어났습니다. 넉넉하고 안정된 수입이 생겼고, 행복한 가정이 생긴 멘델스존. 그는 결혼 후에도 수많은 곡을 작곡했습니다. 피아노 협주곡, 실내악곡들, 교회음악들 등등 그 종류도 다양하고 수적으로도 많았죠. 그중에는 아내 세실에게 헌정한 곡도 있었고요. 결혼한 지 2년 뒤에는 이전에는 쓰지 않았던 바이올린 협주곡을 쓰기 시작했습니다. 멘델스존은 평소에 곡을 빨리 써서 마치는 작곡가였는데, 이 바이올린 협주곡은 다른 때와 달리 6년이나 걸립니다. 이때 작곡된 바이올린 협주곡은 지금도 많은 사람들이 사랑하는 바이올린 협주곡 중 한 곡으로, 베토벤, 브람스, 차이콥스키 바이올린 협주곡과 더불어 4대 바이올린 협주곡으로 꼽힙니다.

작곡 활동에 못지않게 연주 활동도 이어갔습니다. 바흐의 〈마태 수난곡〉 발굴 때와 같이 슈베르트의 마지막 교향곡인 〈그레이트〉를 발굴하여 라이프치히 게반트하우스에서 첫 공연을 가졌습니다. 친구인 슈만이 슈베르트의 형인 페르디난트의 집에서 악보를 발굴해 가져다준 곡이었습니다. 멘델스존은 탁월한 곡 해석으로 객석에 감동을 주었으며, 이 공연 한 번으로 여태까지의 슈베르트에 대한 평가를 완전히 뒤집어버렸습니다. 멘델스존의 연주로 슈베르트의 재평가가 이뤄진 셈이었죠.

뒤셀도르프, 쾰른, 아헨, 등 라인란트 지역 도시들을 순회하며 열리는 니더라인 음악제에도 참석하여 전 독일에 음악제의 명성을 드높였습니다. 있는 집 자식이라 음악을 하는 데 별 어려움이 없었던 멘델스존이었지만 같이 일하는 음악가들의 처우를 개선하기 위해 노력했으며, 그는 대외적인 활동뿐 아니라 아내 세실과 아이들을 위해서도 최선을 다하는 가장이었습니다.

최고의 마에스트로, 영국 여왕을 비롯한 각국의 귀족과 왕족에게 사랑받는 지휘자이자 작곡가였던 멘델스존. 시간이 지날수록 그를 찾는 곳은 더 많아졌습니다. 대표적으로 프로이센의 프리드리히 빌헬름 4세, 작센의 프리드리히 아우구스투스 2세와 같은 사람들도 멘델스존을 후원하겠다고 나섰습니다. 그는 베를린과 라이프치히, 뒤셀도르프, 드레스덴, 프랑크푸르트 등을 오가며 바쁜 시간을 보냈습니다. 프로이센 왕의 지원으로 베를린 음악원 설립과 교회 음악개혁을 맡았으며, 작센 왕에게서 지원받아 라이프치히에 음악원을 세워 로베르트 슈만과 후학을 양성하기도 했습니다. 그리고 그와 더불어 작곡, 연주 모두 줄이지 않고 최대치로 해내고 있었습니다.

그러던 어느 날, 멘델스존은 어머니의 갑작스러운 죽음을 맞습니다. 아버지의 사망 때도 그러했듯 그는 큰 충격을 받았고 한동안 작곡을 하지 못할 정도로 슬퍼했습니다. 그러나 어머니 장례식에 사용할 곡을 만들기 위해 작곡 활동을 재개했으며, 10년 넘게 미완성 상태로 남아 있던 교향곡 3번 〈스코틀랜드〉의 작곡에 착수해서 완성했습니다. 상실의 아픔을 창작으로 승화한 것이었죠.

시간을 쪼개고 또 쪼개며 살았던 멘델스존. 연주를 하지 않는 시간에는 작곡을 했고, 이동 시간에도 흔들리는 마차 안에서 작곡을 했습니다. 휴식 시간에도 빈둥거리지 않고 그림을 그릴 정도로 쉴 새 없이 뭔가를 했으니, 그의 건강에 이상이 오는 것은 당연한 일이었을 겁니다. 심한 두통과 피로를 호소하며 건강은 계속해 나빠졌지만, 일을 줄일 수도 없었습니다. 음악원에서 후학 양성, 연주 활동, 작곡, 연주 여행…. 영국도 계속해서 오가고 있었는데, 영국 버밍엄 음악제에서 자신이 작곡한 오라토리오 〈엘리아〉를 처음 대중 앞에 공개해 큰 성공을 거두기도 했습니다.

무사히 영국 일정을 소화하고, 요양차 들린 프랑크푸르트에 머물고 있던 멘델스존. 갑작스럽게 누나 파니의 사망 소식을 접하게 되었습니다. 얼마나 충격이 컸는지, 그는 누나의 소식을 듣자마자 쓰러졌습니다. 파니는 자신의 베를린 저택에서 열리던 일요 음악회에서 연주할 남동생의 칸타타 〈발푸르기스의 밤〉의 리허설 중간에 뇌졸중으로 갑작스레 쓰러졌고, 41세의 젊은 나이로 사망한 것이었죠. 심지어 사망 1년 전부터는 자신이 작곡한 작품들을 남동생의 이름이 아닌 자신의 이름으로 출판을 시작하며 음악가로서의 대중적 활동도 조금씩 하려는 상황이었습니다. 파니의 죽음으로 너무나 큰 충격에 빠졌던 멘델스존은 모든 음악 활동을 중단하고 깊은 슬픔에 빠졌고, 슬픔을 극복하기 위해 남동생과 스위스 인터라켄으로 요양을 떠났습니다. 요양 기간 동안 그는 슬픔을 담아 〈현악 4중주 6번〉을 작곡하며 사랑하는 누이를 잃은 슬픔을 극복하려 애썼습니다.

멘델스존이 인터라켄에서 라이프치히로 돌아온 지 한 달 뒤, 그는 갑작스러운 뇌졸중 발작을 일으켰고, 심한 두통을 호소했습니다. 멘델스존은 결국 몸져누웠고, 혼수상태에 빠졌습니다. 결국 첫 번째 발작을 일으킨 지 약 한 달 만에 사망하고 말았습니다. 그의 나이 겨우 38세였죠. 장례식에는 수천 명의 군중들이 모여들어 그의 죽음을 애도했습니다. 그가 작곡했던 〈장송 행진곡〉이 울려 퍼졌고, 친구였던 슈만과 모셸레스, 가데 등 절친한 음악가 동료들이 그의 운구 행렬을 따랐습니다. 멘델스존의 유해는 장례식이 끝난 후 기차를 통해 베를린으로 옮겨졌으며, 삼위일체 교회 공동묘지의 멘델스존 가족 묘역, 부모님과 누나 파니 옆에 묻혔습니다.

대표 음악

· 교향곡 4번 A장조 〈이탈리아〉 Op.90(Symphony No.4 in A Major 'Italian')

· 바이올린 협주곡 E단조 Op.64(Violin Concerto in E Minor)

· 핑갈의 동굴 서곡 B단조 Op.26(Fingal's Cave Overture in B Minor)

· 한여름 밤의 꿈 Op.61(A Midsummer's Night Dream)

· 엄격 변주곡 D단조 Op.54(Serious Variation in D Minor)

· 무언가 30번 A장조 〈봄의 노래〉 Op.62-6(Song without words No.30 in A Major Spring Song)

추천 음악

 쿠르트 마주어(지휘), 라이프치히 게반트하우스 오케스트라 - 멘델스존 : 〈한여름 밤의 꿈〉 작품번호 61 中 결혼 행진곡

슈만 ♫

: 문학 하는 음악가, 음악 하는 문학가

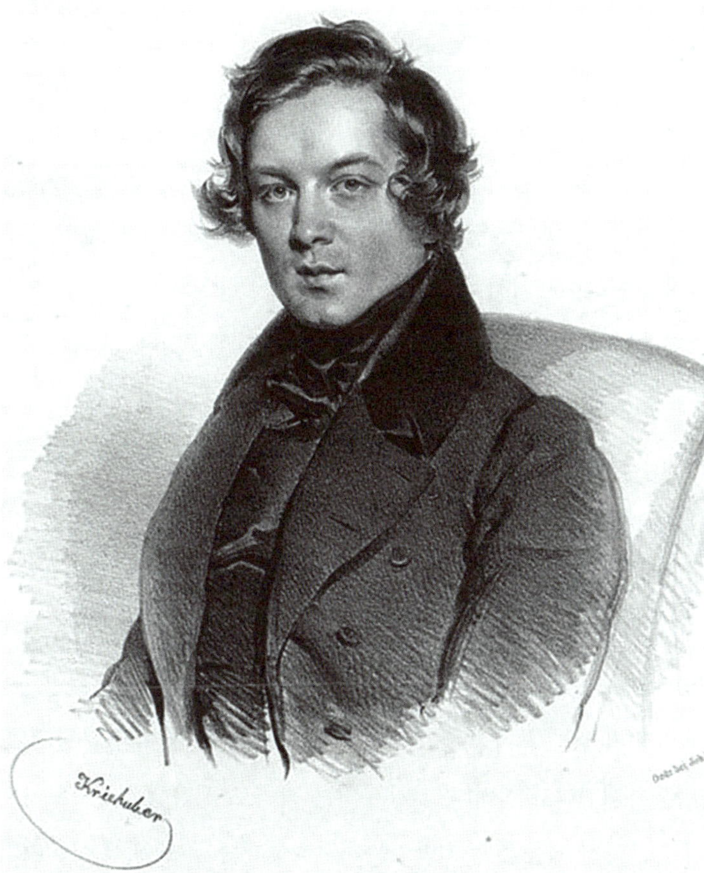

로베르트 알렉산더 슈만(Robert Alexander Schumann, 1810~1856)

슈만은 1810년 독일 작센 지방의 츠비카우에서 태어났습니다. 아버지는 라이프치히 대학에서 문학을 전공한 학자로 출판업을 하고 있었으며, 독일어 번역일도 종종 하고는 했습니다. 슈만은 4남 1녀 중 막내로, 제일 큰누나와 3명의 형을 가지고 있었죠. 아버지가 문학에 조예가 깊었고 어머니는 음악에 관심이 많았기 때문에, 슈만은 어린 시절부터 음악과 문학 모두가 있는 환경 속에서 성장했습니다. 7세 때부터 피아노 즉흥 연주에 뛰어난 재능을 보였고, 그의 부모는 당시 츠비카우의 성모마리아 대성당 오르가니스트에게 데려가 아들의 음악 교육을 맡겼습니다. 슈만의 연주 실력은 9세가 되자 공개 독주회를 열어 피아노 연주의 신동이라 불릴 정도로 훌륭해졌다고 합니다. 11세부터는 작곡도 시작했고요. 또 아버지의 문학적 재능을 물려받았는지, 14세 때는 글을 써서 아버지가 출판하는 책에 싣기도 했습니다. 13세가 되던 해, 그의 고향에 극

장이 문을 열었고, 당시 극장에서 관람할 수 있었던 오페라와 연극 등에도 관심을 가졌다고 합니다. 아버지는 이런 아들의 재능을 일찍부터 알아보고, 어린 아들을 유명 작곡가였던 베버에게 보내 교육시키고 싶어 했습니다. 하지만 슈만이 16세가 되던 해, 아버지와 베버 모두 세상을 떠났고, 그 계획은 물거품이 되었죠.

이 무렵 츠비카우의 김나지움*을 다니고 있던 슈만. 그는 문학적 관심이 음악적 관심보다 더 많았습니다. 뮌헨 여행을 가서 시인 하이네를 만나기도 했고, 독일의 뛰어난 소설가 파울의 무덤을 찾아 바이마르에 가기도 했습니다. 그렇다고 해서 음악 분야에 완전히 소홀했던 것은 아닙니다. 꾸준히 피아노도 쳤고, 작곡 습작도 계속했습니다. 두 가지 관심사인 문학과 음악을 결합하는 데 흥미를 가졌습니다.

홀로 된 어머니는 막내아들이 안정적인 생활을 하며 살기를 바랐습니다. 그래서 18세의 슈만은 어머니의 바람대로, 그리고 서점을 동업하던 아버지 친구였던 후견인의 권유대로 김나지움을 졸업하고 라이프치히 대학의 법학과에 입학했습니다. 법학 공부에 흥미를 느끼지 못했던 그는 강의를 거의 듣지 않았고, 강의실에 들어가서도 성실하게 수업을 듣지 않았습니다. 대신 당시 최고의 피아노 교육자였던 비크의 제자가 되었습니다. 또 라이프치히

---

* 공립 고등 교육 기관으로, 일종의 고등학교라고 보면 될 듯하다.

에는 게반트하우스라는 좋은 극장과 수준 높은 극장 오케스트라가 있었는데, 그곳에서 공연을 보면서 고전주의 음악가들의 작품, 특히 베토벤의 작품에 매료되었다고 합니다. 그러면서 작곡에도 몰두하여 초기 피아노곡 작품들을 써냈습니다. 또 의학 교수이자 궁정 고문관이었던 카루스의 집안에서 열리는 음악 모임에 자주 참석했는데, 이 모임에서 악보 출판업자나 음악가들, 문학가들과 교류하며 많은 영향을 받았습니다.

라이프치히에서 1년간 머물던 슈베르트는, 어머니와 후견인의 권유로 하이델베르크 법학과로 옮겨갔습니다. 하이델베르크 법대 교수 티보를 만나기 위해서였는데, 이 교수가 법학자로서도 뛰어났지만, 아주 활발하게 활동하는 아마추어 음악가이기도 했기 때문이었습니다. 어머니와 후견인 아저씨는 슈만이 음악을 좋아하는 티보 교수에게서 배우면 법학에 흥미를 가지고 법률가의 길을 갈 수 있지 않을까 하는 희망을 가진 거였죠. 하지만 어른들의 기대와는 정반대로, 티보 교수를 만난 슈만은 법학의 흥미보다 음악적 영감을 더 많이 받았고 음악에 대한 열정이 더 깊어졌습니다. 결국 그는 어머니에게 '음악가의 길을 걷고 싶다.'는 결심을 담은 편지를 보냈고, 아들의 편지를 받아 본 어머니는 비크에게 아들의 음악적 재능 여부를 물어보며 조언을 구했습니다. 피아노 스승이기도 했던 비크는 긍정적인 답변을 내놓았고 결국 어머니는 법률 공부를 포기하고 음악가의 길을 걸으라고 허락해주었습니다.

ROBERT SCHUMANN.
From a water-color made in Vienna in his youth; in possession of Dr. M. Abraham of Leipsic.

청년 시절의 슈만

　어머니의 허락을 받고, 프로 음악가가 되겠다고 결심한 슈만은 20세가 되었습니다. 그리고 라이프치히로 돌아가서 피아노 스승 비크의 집에 하숙하면서 연습에 매달렸습니다. 비크에게 피아노를 배우며, 하루에 7시간씩 혹독한 연습에 들어갔죠. 악마의 바이올리니스트 파가니니의 연주를 듣고 자극을 받아 최고의 테크닉을 갖춘 피아니스트가 되겠다는 목표를 세웠기 때문이었습니다. 손가락 힘을 키운다며 손가락에 모래주머니를 달고 연습하기까지 했습니다. 그러다가 오른손 약지가 부러지고 말았습니다. 부상은 프로 연주자가 되겠다는 그의 꿈을 꺾었고, 결국 연주자가 아닌 작곡가로 진로를 바꾸게 되었습니다. 또 어릴 적부터 두각을 보였던 글 쓰는 재능과 음악적 재능을 함께 살릴 수 있는 음악 평론가 활동을 병행하기로 합니다. 21세에 첫 번째 작품인 〈아베크 변주곡〉을 출판했지만, 스스로 만족하지 못했고 라이프치히 오페라 극장 지휘자를 찾아가 정식으로 작곡을 배웠습니다. 하지만 그는 엄격한 교육 방식에 만족하지 못했고 결국 독학으로 작곡 공부를 이어 나갔습니다.

24세가 되던 해, 슈만은 문학과 음악 모두를 사랑하는 젊은 친구들과 '다비드 동맹'이라고 불리는 모임을 만들어서 《음악신보 Neue Zeitschrift für Musik》라는 음악 비평지를 창간했습니다. 대다수의 음악 평론가들이 깊이 없는 글을 쓴다고 생각했고, 진부한 음악만 칭찬하고, 새로운 음악가들의 가치를 알아보지 못한다고 생각했기 때문이었습니다. 그는 10년간 《음악신보》의 주필이자 편집장으로 일했습니다. 다양한 필명을 사용하며 많은 평론을 지면에 실었고, 무명이었던 쇼팽과 베를리오즈, 브람스 등을 발굴해 세상에 소개했습니다. 또 평론 활동과 더불어, 작곡도 충실히 해냈습니다. 피아노 연주자로서의 꿈을 포기한 대신 피아노곡 작곡에 몰입하여 〈사육제〉, 〈교향적 연습곡〉, 〈환상 소곡집〉, 〈어린이의 정경〉 등을 완성했습니다.

인생 계획을 수정하며 평론가이자 작곡가로 거듭난 슈만은 평생 그의 사랑이었던 클라라와 사랑에 빠졌습니다. 피아노 스승이었던 비크의 외동딸이었죠. 그가 처음 클라라를 만났을 때는 처음 라이프치히 법대에 다니던 시절이었고, 그녀는 고작 9살 소녀였죠. 슈만이 법대에서 방황하고, 피아노 연주자의 꿈을 꿨다가 좌절을 겪는 동안, 또 〈음악 신보〉를 창간하고 일하는 동안 클라라도 어엿한 숙녀로 성장했습니다. 슈만이 25세, 클라라가 16세가 되던 해, 그는 클라라에게 사랑을 고백했고, 두 사람은 서로 사랑을 확인했습니다. 하지만 두 사람이 맺어지기 위해서는 클라라의 아버지 비크의 허락이 필요했습니다.

클라라는 비크가 아내 없이 홀로 키워낸 무남독녀 외동딸이었습니다. 게다가 그녀는 5세 때부터 아버지로부터 피아노를 배웠고, 9세 때는 라이프치히 게반트하우스에서 공개 연주회를 열 정도의 피아노 신동이었습니다. 10대 초반부터는 베를린과 파리, 빈 등 유럽 주요 도시에 순회 연주를 다닐 정도로 명성도 자자했고요. 한마디로 비크에게 클라라는 촉망받는 천재 피아니스트이자 '눈에 넣어도 안 아픈 내 새끼'였던 셈입니다. 그런데 그 귀한 자기 딸을 데려가려는 게 9살 연상인 데다가 경제적으로 안정적이지 못한 잡지 편집장에 작곡가라는 사실이 못마땅했죠. 게다가 비크는 클라라 이전에 있었던 슈만의 약혼과 파혼 경력도 속속들이 잘 알고 있었습니다. 전 약혼녀가 또 다른 제자였거든요. 또한 딸의 피아니스트 경력이 단절될까 걱정했습니다.

클라라(Clara Josephine Wieck, 1819~1896)

　비크는 두 사람을 떼어놓기 위해서 슈만이 보낸 편지를 중간에
서 가로채기도 했고, 일부러 클라라의 순회 연주를 잡아서 물리
적인 거리를 떼어놓는 등 방해했습니다. 그래서 슈만과 클라라는
5년이 넘는 시간 동안 편지로만 서로의 마음을 확인하며 반대에
맞서 싸웠습니다. 결국 허락을 받지 못한 두 사람은 법원에 결혼
허가를 청구했고, 약 1년 간의 법정 투쟁 끝에 라이프치히 법원은
비크의 동의 없이 결혼이 가능하다는 판결을 내려줬습니다. 그리
고 클라라의 21번째 생일 하루 전날, 라이프치히 근교의 한 교회
에서 결혼식을 올렸습니다. 이후 두 사람 사이에서 여덟 명의 아
이가 태어날 정도로 부부 금실은 무척 좋았습니다.
　결혼한 해 슈만은 〈시인의 사랑〉, 〈여인의 사랑과 생애〉, 〈미르

테의 꽃〉과 같은 140여 개의 곡을 작곡했는데, 이 양은 그의 일생 동안 작곡한 가곡의 절반에 해당하는 분량이라 사람들은 이 해를 슈만 '가곡의 해'라고 부릅니다. 사랑이 이뤄진 행복을 음악으로 승화한 해였던 셈이죠.

결혼 다음 해는 '교향곡의 해'로 분류되는데, 규모가 더 큰 오케스트라 장르에 도전하며 작곡가로서 한 뼘 더 성장한 해라고 볼 수 있습니다. 젊은 시절부터 오케스트라 곡에 대한 꿈을 가지고 있었는데, 결혼 후 안정적인 생활을 하며 오랜 시간 간직해 온 열정을 태운 한 해였던 셈이었죠. 그는 31세였던 그 해에만 〈교향곡 1번〉과 〈교향곡 4번〉*으로 불리는 〈교향적 환상곡〉, 〈피아노와 오케스트라를 위한 환상곡〉**, 〈서곡, 스케르초와 피날레〉 네 곡을 작곡했습니다. 특히 슈만의 〈교향곡 1번 '봄'〉은 친구였던 멘델스존의 라이프치히 게반트하우스 오케스트라와 처음 연주해 큰 성공을 거두기도 했습니다.

교향곡의 해 다음 해는 '실내악의 해'로 분류됩니다. 이 해는 베를린, 쾨텐, 함부르크 등 독일 북부 지역으로 클라라의 순회 연주 여행을 떠났는데, 슈만은 바흐의 《평균율 클라비어 곡집》을 다시 깊이 연구했고, 클라라와의 연주를 염두에 두고 〈피아노 5중주〉,

---

* 원래는 교향곡 2번이 될 뻔했지만 10년 뒤에 개정 작업 후 정식 교향곡으로 출판해서 4번이 되었다.
** 훗날 피아노 협주곡 A단조 1악장이 되었다.

〈피아노 4중주〉, 〈환상 소곡집〉 같은 실내악곡을 작곡해 냈습니다.

실내악곡에 집중한 이후에는, 다양한 장르를 다루었는데 그중에서 대표적인 게 오라토리오였습니다. 특히 〈낙원과 페리〉는 발표되자마자 슈만을 유명 작곡가로 만들어주었으며, 그에게 여러 가지 제안이 오는 계기가 되었습니다.

슈만이 결혼 후에 수많은 곡을 내놓으며 진일보하고 있을 때, 클라라는 남편을 위해 자신의 예술가적인 삶을 희생해야만 했습니다. 결혼 다음 해부터 계속되는 임신과 출산, 그리고 육아로 인해서 결혼 전처럼 자유로운 연주 활동이 불가능해졌죠. 남편이 낮에는 글을 쓰고 밤에는 작곡을 하니 신혼집이었던 라이프치히의 작은 아파트에서는 피아노 연주를 마음껏 할 수 없었던 것도 한몫했습니다. 하지만 클라라는 남편이 작곡가로서 성공을 거둘 것이라 믿으며 자신을 희생했고, 묵묵히 그를 도왔습니다. 슈만이 작곡한 곡들을 클라라가 연주하여 발표했으며, 피아노 협주곡의 경우 슈만이 지휘하고 클라라가 솔리스트로 나서서 연주하기도 했습니다. 클라라는 슈만에게 배우자로서도 아티스트의 뮤즈로서도 큰 역할을 해냈습니다.

이후에도 클라라의 내조 속에서 슈만은 더 많은 작품, 더 다양한 작품을 작곡하며 활발하게 활동합니다. 멘델스존의 요청에 라이프치히 음악원의 교수로 1년간 재직하기도 했죠. 그리고 라이프치히에서의 일을 그만두고 나서는 러시아의 상트페테르부르크와 모스크바로 클라라의 연주 여행에 따라나섰는데, 남편의 건강을 걱정한 클라라의 권유 때문이었죠. 하지만 여행 이후에도 슈만의 건강은 악화되었고, 몸과 마음이 모두 지쳤습니다. 10년간 《음악 신보》의 편집장이자 주필로 글을 쓰고 잡지 운영을 맡았고, 내성적인 성격에 여러 사람들을 만나는 사회활동은 번아웃을 불러왔기에 쉽사리 나아지지 않았습니다. 우울증 증상이 나타났고, 불안 증세를 호소했습니다. 그래서 슈만 부부는 라이프치히 생활을 정리하고 더 조용한 드레스덴으로 이주하게 됩니다.

드레스덴은 라이프치히보다 조용하고 평화로운 도시였습니다. 그는 어떤 직도 맡지 않고 건강 회복과 작곡에만 몰두했습니다. 그 결과 두 번째 교향곡을 비롯해 합창곡, 오라토리오 등 장르를 가리지 않는 다양한 곡이 그의 손끝에서 쏟아져나왔습니다. 또 그가 남긴 유일한 오페라 〈게노베바〉 작업도 시작했죠. 하지만 그의 건강은 나아지지 않았습니다. 불면증에 시달렸으며, 이후 조울증과 환청과 환각 등의 증세를 보였습니다.

6년간 드레스덴 생활을 하던 슈만, 40세가 되던 해에 뒤셀도르프시의 음악 감독직을 제안받았습니다. 라인강을 끼고 있는 뒤셀도르프의 아름다운 환경은 슈만에게 창작 욕구를 끌어올렸습니다. 또 안정적인 수입도 보장되었고요. 그 덕분에 〈교향곡 3번 '라인'〉과 〈첼로 협주곡〉, 〈미사곡 C단조〉, 〈레퀴엠〉 등 많은 관현악곡과 종교 음악을 작곡했습니다. 그 외에도 이전부터 작곡하고 있던 많은 작품을 계속 작업했고요. 뒤셀도르프 시기, 브람스가 슈만 부부를 찾아왔습니다. 슈만은 그의 재능을 알아보고 아주 오랜만에 펜을 들어 《음악신보》에 칼럼을 실었습니다. '새로운 길'이라는 제목으로 쓰인 글은 브람스에게 아주 큰 도움이 되었고, 브람스는 슈만의 평가에 보답하기 위해 노력했습니다.

뒤셀도르프로 옮겨온 후, 작곡가로서, 그리고 오랜만에 가졌던 음악평론가로서의 활동은 무척 좋았지만 지휘자로서의 활동은 그렇지 못했습니다. 음악 감독으로 해야 할 많은 일 중, 오케스트라와 합창단을 지휘하고 관리 감독을 하는 일은 그의 성격과 맞지 않았습니다. 타고난 성격 자체가 내성적이고 소심했기 때문에 오케스트라 단원들과 원활하게 지내지 못했거든요. 단원들과 갈등이 생겼으나 해결하지 못했고, 결국 지휘자 자리에서 잘리고 말았죠. 3년 반 만에 반강제적으로 음악 감독 일을 그만둔 슈만은 상처를 심하게 받고 극심한 우울과 절망을 갖게 됐습니다.

지휘봉을 내려놓은 지 3개월이 지났지만, 슈만의 정신 건강은 나아질 기미를 보이지 않았고, 그는 라인강에 뛰어들어 자살을 시도했습니다. 다행히 지나가던 배가 그를 구조해서 죽지는 않았습니다. 자살미수 사건 이후, 슈만은 아내와 아이들에게 해를 끼칠까 두려워 하며, 스스로 정신병원에 입원하겠다고 결정했습니다. 그는 본 근교의 엔데니히 정신병원에 입원했습니다. 입원해서 치료를 받는 동안에도 작곡을 시도하며 재기하려고 노력했죠. 하지만 병은 더 악화되었습니다. 환청과 망상이 심해졌고, 갓 태어난 막내아들을 포함해 자녀들은 물론 아내인 클라라의 면회도 제한됐습니다. 결국 그가 하는 말을 다른 사람이 알아들을 수 없을 정도로 병세는 나빠졌고, 폐렴에도 걸렸습니다. 위독해져서야 클라라와의 면회가 이뤄졌는데, 그는 클라라를 알아본 것처럼 보였지만 몇 마디 말도 하지 못했죠. 아내와의 마지막 면회가 있고 이틀 뒤, 슈만은 46세의 나이로 세상을 떠났습니다. 클라라는 남편이 사망한 후 그가 남긴 작품을 편집하고 출판하며 지냈습니다. 또 자녀들을 부양하기 위해 연주자로서 다시 무대에 서기도 했고요. 그녀는 재혼하지 않고 40년을 더 산 후, 76세의 나이로 프랑크푸르트에서 세상을 떠나 본의 알터 프리트호프 공동묘지에 있는 남편 곁에 묻혔습니다.

대표 음악

· 교향곡 1번 B♭장조 Op.38(Symphony No.1 in B flat Major)

· 교향곡 2번 C장조 Op.61(Symphony No.2 in C Major)

· 교향곡 3번 E♭장조 Op.97(Symphony No.3 in E flat Major)

· 교향곡 4번 D단조 Op.120(Symphony No.4 in D Minor)

· 피아노 협주곡 A단조 Op.54(Piano Concerto in A Minor)

· 첼로 협주곡 A단조 Op.129(Cello Concerto in A Minor)

· 바이올린 협주곡 D단조 WoO.23(Violin Concerto in D Minor)

· 피아노 모음곡 〈어린이 정경〉 Op.15(Kinderszenen)

· 피아노 소나타 1번 F#단조 Op.11(Piano Sonata No.1 in F sharp Minor)

· 피아노 소나타 2번 G단조 Op.22(Piano Sonata No.2 in G Minor)

· 바이올린 소나타 1번 A단조 Op.105(Violin Sonata No.1 in A Minor)

· 교향적 연습곡 Op.13(Symphonic Etudes)

· 판타지 C장조 Op.17(Fantasy in C Major)

· 토카타 C장조 Op.7(Toccata in C Major)

· 카니발 Op.9(Carnival)

· 가곡 〈시인의 사랑〉 Op.48(Dichterliebe)

추천 음악

 블라디미르 호로비츠(피아노) - 슈만 : 피아노 모음곡 〈어린이 정경〉, 작품번호 15번 中 7. 어린이 정경

쇼팽

♫

: 나의 심장을 폴란드의 흙에 묻어주시오

프레데릭 쇼팽(Frédéric François Chopin, 1810~1849)

쇼팽은 1810년 폴란드의 바르샤바 공국*에서 태어났습니다. 1남 3녀 중 둘째였고 외아들이었죠. 아버지는 프랑스 출신으로 학교에서 프랑스어를 가르쳤고, 어머니는 폴란드 귀족 가문 출신 여성이었습니다. 쇼팽은 만 4세 때부터 어머니와 3살 많은 누나에게서 피아노를 배웠습니다. 기본적인 연주는 누나에게 배웠고, 6세가 되던 해부터는 보헤미아 출신 음악가인 지브니에게서 전문적으로 피아노를 배우기 시작했습니다.

지브니는 쇼팽 일생 유일한 피아노 스승으로, 어린 쇼팽의 재능을 일찍부터 알아봤습니다. 그는 연주법뿐 아니라 바흐와 모차르트 이야기를 들려주며 소년 쇼팽을 자유롭게 가르쳤습니다. 이런 교육 때문이었는지 쇼팽은 평생토록 바흐의 〈평균율 피아노곡집〉

---

* 현 폴란드의 수도 바르샤바 근교 젤라조바 볼라.

을 죽을 때까지 연구했고, 하이든과 모차르트, 클레멘티 등 고전주의 시대 작곡가들을 존경했다고 합니다. 지브니의 소개를 통해 어린 쇼팽은 바르샤바 공국의 귀족 사회에 이름을 알렸고, 귀족들의 저택에서 열리는 음악회에 참석할 기회를 얻기도 했습니다. 또 당시 폴란드를 실질적으로 통치하고 있던 러시아 총독의 관저에서 연주회를 갖기도 했습니다. 쇼팽은 지브니에게서 12세가 되던 해까지 약 6년간 가르침을 받았고, 7세 때는 〈폴로네즈 G단조〉를 작곡해서 출판할 정도로 천재성을 보였다고 합니다. 이렇게 귀족 사회에서 이름을 알리던 쇼팽은 8세의 나이로 수많은 대중 앞에서 공개 연주 기회를 가졌습니다. 언론은 어린 쇼팽을 모차르트에 비교하며 천재 신동으로 기사를 썼죠. 그리고 기사 덕에 소년의 명성은 전 폴란드로 퍼져나갔습니다. 스승이었던 지브니는 소년이 12세가 되자, 제자가 자신을 뛰어넘었다는 것을 인정하고 레슨을 그만뒀습니다.

음악 교육이 아닌 다른 교육의 경우, 아버지가 프랑스어와 문학 교사였기 때문에 집에서 이뤄졌습니다. 쇼팽이 13세가 되자, 아버지는 자신이 교사로 일하고 있던 바르샤바 리세움*에 아들을 입학시켰습니다. 쇼팽은 이때 학교에서 만난 친구들과 우정을 나눴고, 친구들은 쇼팽이 죽는 날까지 그를 도와주고 응원하는 친구

---

* 일종의 중등 교육 기관.

가 되었습니다.

　쇼팽이 학교에 다니기 시작하며 이전과 달라진 점이 있다면, 이전에는 음악적인 활동에만 몰두했던 그가 연극과 희곡에도 관심을 가지고 공연을 하기도 했다는 것입니다. 일반적으로 쇼팽 하면 음울한 캐릭터를 연상하기 쉬운데, 그를 아는 친구들은 쇼팽을 희극배우 같은 사람이라고 이야기했습니다. 음악가로서 본격적인 활동을 하기 위해 고국을 떠나기 이전의 쇼팽은 장난기도 많고, 친구들과 농담도 잘했다고 합니다. 학교를 다니면서, 쇼팽은 피아노곡을 꾸준히 작곡했고, 공연도 꾸준히 했습니다. 학과 공부, 여기저기서 초청받는 음악회, 작곡, 일요일에는 교회의 오르간 연주까지, 학생 쇼팽은 바쁘지만 행복한 날들을 보냈습니다. 그리고 우수한 성적으로 리세움을 졸업했습니다.

　리세움을 졸업하자, 스승 지브니와 쇼팽의 부모님은 새로 설립된 바르샤바 음악원 입학을 권했습니다. 작곡가 엘스너가 설립자 겸 교장이었죠. 이때 쇼팽의 나이는 16세였습니다. 엘스너는 쇼팽 인생에서 유일한 작곡 스승이 되었고요. 쇼팽이 음악원에서 전문적인 음악 교육을 받았다고는 하지만, 정규 교육 과정보다는 여러 음악가의 연주회 감상과 교제 등이 이 당시의 쇼팽에게 큰 영향을 미쳤던 것 같습니다. 파가니니의 바르샤바 연주회 또한 쇼팽에게 좋은 자극이 되었습니다.

　쇼팽은 음악원에 다니면서, 첫사랑을 만나게 되었습니다. 같은 음악원에서 성악을 전공하는 소프라노 글라드코프스카였죠. 하지만 소심했던 성격 탓에 고백은 엄두도 못 내고 작곡하는 곡에 자신의 마음을 녹여낼 뿐이었습니다. 3년간의 음악원 생활이 끝나고, 쇼팽은 고향인 폴란드를 떠나 본격적인 음악가 활동을 이어가기 위해 빈으로 갔습니다. 엘스너의 소개로 출판업자도 만났고, 연주회도 열었습니다. 빈에서 바르샤바로 돌아오는 길에 프라하, 테프리츠, 드레스덴, 브레스라우에도 들러 연주회를 가졌고요. 바르샤바로 돌아온 쇼팽은 집 다락방에 틀어박혀 작곡에 몰두했습니다. 그의 두 번째 피아노 협주곡*이었죠.

20세가 되던 해의 3월, 쇼팽은 〈피아노 협주곡 2번〉**으로 바르샤바에서 성인 음악가로 데뷔 무대를 갖게 됩니다. 바르샤바의 국립 극장에서 그의 첫 번째 협주곡을 발표했고, 협주곡 뒤에는 폴란드 민요를 주제로 한 피아노곡을 연주할 예정이었습니다. 중간 휴식 시간에 그의 첫사랑 글라드코프스카가 무대에 올라 노래를 불렀습니다. 그리고 두 사람의 인연은 고백도 없이 끝났습니다.

연주회를 마치고, 쇼팽의 친구들은 그가 떠나기 전날 밤 송별회를 열었습니다. 그리고 그에게 폴란드의 흙이 담긴 큰 은잔을

---

* 두 번째로 작곡한 협주곡이었지만 첫 번째 협주곡보다 빨리 출판된 곡이라 1번이 되었다 (Piano Concerto No.1 E Minor Op.11). 2악장 로망스가 콘스탄티아에 대한 사랑을 표현한 것이라고 알려져 있다.

** 첫 번째로 작곡한 협주곡이었지만, 두 번째 협주곡보다 뒤늦게 출판되어 2번이 되었다 (Piano Concerto No.2 F Minor, Op.21).

선물했습니다. 멀리 고국을 떠나 있더라도 조국 폴란드를 잊지 말라는 뜻에서 준 선물이었죠. 쇼팽이 탄 마차가 바르샤바를 출발한 지 한 시간 정도 지나, 그의 고향에 도착했을 무렵. 갑자기 마차로 노랫소리가 들려왔습니다. 타국으로 떠나는 제자를 위해 엘스너가 후배 음악원생들을 모아 이별의 노래를 합창으로 선물해 준 것이었죠. 스승과 후배들의 합창을 뒤로 하고 빈으로 향하는 쇼팽은 다시 고국으로 돌아오겠다고 다짐했습니다. 하지만 그는 살아생전 다시 폴란드로 돌아오지 못했습니다.

빈으로 이주해서 음악 활동을 본격적으로 하려 했던 쇼팽, 하지만 사회적 환경이 그의 뜻대로 흘러가지 않았습니다. 빈에 도착한 지 얼마 지나지 않아 고국 폴란드 바르샤바에서 혁명이 일어났고, 폴란드를 실질적으로 통치하고 있던 러시아 대공의 암살 시도가 일어났습니다. 러시아와 합스부르크 왕실은 동맹 관계였고, 합스부르크 왕실의 수도였던 빈에 있던 폴란드 사람들은 어려움을 겪게 되었습니다. 쇼팽도 마찬가지였어요. 음악 활동에 제동이 걸려버렸죠. 쇼팽은 아버지에게 바르샤바로 돌아가 폴란드 민족을 위해 싸우겠다는 편지를 써 보냈습니다. 하지만 아버지는 아들에게 돌아오지 말라고 답장했습니다. 조국을 위해 음악을 열심히 하는 길도 애국이라는 말도 덧붙여서 말이죠. 결국 쇼팽은 파리로 활동 중심지를 옮기기로 결정합니다. 어렵게 출발하여 파리로 향하던 중, 독일의 슈투트가르트에 다다랐을 때, 그는 바르샤바가

러시아에 함락되었다는 소식을 들었고 절망에 빠졌습니다.

쇼팽은 절망한 상태로 파리에 도착했습니다. 당시 파리는 많은 예술가가 활동하고 있는 중심지였습니다. 여러 작가와 음악가가 파리를 거점으로 활동하고 있었습니다. 당시 음악 평론가로 활동하던 슈만이 라이프치히에서 쇼팽의 악보를 구매해본 후 극찬하는 평론을 써서 지면에 실었고, 그 덕분에 쇼팽은 파리 첫 번째 연주회를 가질 수 있게 되었습니다. 그 자리에는 피아니스트 힐러, 파리 음악원장 케루비니, 작곡가 멘델스존과 리스트가 참석했고, 모두가 쇼팽의 연주에 극찬을 아끼지 않았습니다. 두 번째 연주회는 첫 번째와 달리 실패했는데, 규모가 큰 연주회였기 때문에 쇼팽의 음악 스타일과 어울리지 않았기 때문이었습니다. 이 연주 이후 쇼팽이 또다시 절망에 빠지려 할 때, 로스차일드 남작 집안을 만나게 되었고, 후원을 받게 되면서 상황은 달라졌습니다. 쇼팽은 음악 교사로서 파리의 대저택에서 가장 환영받는 인물이 되었습니다. 또 당시 파리 사교계에서 만난 케루비니, 멘델스존, 리스트, 베를리오즈, 문학가인 하이네, 발작, 조르주 상드 등과 교류도 하게 되었고요. 금전적인 여유도 생기면서 작곡에 전념할 수도 있게 되었습니다. 〈발라드 G단조〉와 〈즉흥 환상곡〉, 마루즈카와 폴로네즈 등도 이때 작곡되었습니다.

파리에서 성공을 거두고 있던 25세의 쇼팽에게 부모의 여행 소식이 들려왔습니다. 바르샤바와 파리 사이 온천 휴양지 칼스바트*로 떠난다는 소식이었죠. 쇼팽은 오랜만에 부모를 만나기 위해 길을 떠났습니다. 부모님과 즐거운 시간을 보내고 돌아오는 길에 오랜 폴란드 친구였던 보드진스키 가족들을 만나기 위해 그들이 여름 휴가를 보내고 있던 드레스덴으로 향했죠. 쇼팽은 보드진스키 집안의 딸 마리아와 만났는데, 사랑에 빠졌습니다. 얼마 지나지 않아 쇼팽은 마리아에게 청혼했습니다. 하지만 두 사람은 맺어지지 않았어요. 마리아의 부모가 쇼팽을 반대했거든요. 쇼팽이 건강하지 못하다는 이유도 있었고, 아버지인 보드진스키 백작이 신분 차이 때문에 반대했다는 이야기도 있습니다. 약혼은 당연히 파혼으로 끝났고요.

리스트가 주최했던 살롱 모임에서, 쇼팽은 여류 소설가였던 조르주 상드를 만나 사랑에 빠졌습니다. 상드의 첫인상은 좋지 않았습니다. 그녀는 남장을 즐겨 하고, 파이프 담배도 피우기도 하는 등 당시 여성들과는 다른 모습이었거든요. 하지만 시간이 지나면서 첫인상과 달리 상드의 지적인 모습과 감수성 풍부한 모습을 보며 쇼팽도 그녀에게 끌렸습니다. 특히 상드의 헌신적인 모습에 그러했죠. 그녀는 6살이나 연상이었는데, 쇼팽과 동거 생활을 하면서 결핵에 걸린 그를 데리고 따뜻한 스페인의 마요르카섬으로 가

---

* 오늘날의 체코 카를로비바리.

서 요양도 시키며 극진히 보살폈습니다.

두 사람은 스페인에서 돌아와 파리 남쪽 근교 노앙에 위치한 상드의 자택에 머물기 시작했습니다. 한적한 시골 생활, 그리고 상드의 헌신적인 보살핌. 그 모든 것들이 쇼팽에게는 바르샤바를 떠난 후 처음으로 얻은 안정되고 사랑이 넘치는 삶이었습니다. 덕분에 쇼팽은 〈환상곡 F단조〉, 〈바르카롤레〉, 〈환상 폴로네즈〉, 〈발라드 A장조〉, 〈발라드 F단조〉, 〈소나타 B단조〉 등과 같은 소품곡과 규모가 큰 작품 등 상당수를 작곡해낼 수 있었죠. 또 프랑스 왕실에서도 그의 재능을 인정해 루이 필리프 왕의 초청을 받아 궁전에서 연주할 기회도 얻었습니다. 출판업자를 다루는 솜씨도 능숙해져서 여러 나라에서 악보 출판을 진행했고, 덕분에 경제적으로도 안정적인 삶을 누릴 수 있게 되었습니다.

하지만 시간이 지나면서 영원할 것 같았던 연인 사이에 균열이 생기기 시작했습니다. 쇼팽과 상드는 정말 판이하게 다른 캐릭터였습니다. 쇼팽은 보수적인 사람으로 귀족과 왕정을 지지하는 입장이었고 가톨릭에 대해서도 동의하고 있었지만, 상드는 사회 개혁과 종교 개혁 지지자였습니다. 결정적으로 두 사람 사이가 틀어진 것은 상드의 딸인 솔랑주*의 결혼 문제 때문이었습니다. 상드는 딸이 조각가 클레장제와 결혼하는 것을 반대했는데, 쇼팽은

---

* 조르주 상드가 쇼팽과 동거하기 전에 얻은 자녀.

솔랑주의 편을 들었습니다. 그러자 화가 난 상드는 쇼팽과의 관계를 끊어버렸습니다. 9년 만의 결별이었죠.

상드와의 결별이 가져다준 정신적 파탄도 모자라, 설상가상으로 2월 혁명*이 일어났습니다. 혁명 때문에 쇼팽과 가까이 지내던 귀족 후원자들이 파리를 떠났고, 그의 재정 상태는 나빠지기 시작했습니다. 이때 쇼팽의 제자이자 열렬한 후원자였던 스털링이 쇼팽을 영국으로 초청했습니다. 그는 런던과 스코틀랜드를 방문했는데, 소규모 공개 연주회를 가지고, 런던의 귀족들에게 피아노를 가르쳤죠. 영국의 공연 시즌이 끝나고 여름이 되자, 쇼팽은 스코틀랜드로 가서 에든버러, 글래스고 및 스털링 근처에 있는 스털링 귀족 가문의 몇몇 친척 집에서 휴식을 취했습니다. 그러나 스코틀랜드의 춥고 습한 날씨는 그의 건강을 더 악화시켰습니다. 결국 그는 아픈 몸을 이끌고 힘겹게 파리로 돌아왔습니다.

쇼팽의 건강이 계속 좋아지지 않자, 의사는 더 조용하고 편히 쉴 수 있는 곳으로 이사를 권했습니다. 하지만 수중에 남은 돈이 없었습니다. 쇼팽의 소식을 들은 제자를 비롯한 친구들, 추종자들은 그의 어려운 상황을 알고 돈을 모아 주었습니다. 심지어 그의 노모도 아들의 치료를 위해 2,000프랑을 보내왔습니다. 덕분에 아파트 방세와 치료비가 마련되었죠. 쇼팽은 자신이 얼마 살

---

* 1848년 프랑스에서 루이 필리프 왕정을 무너뜨리고 제2공화국을 세운 시민 혁명.

지 못한다는 것을 직감했습니다. 누나에게 편지를 써 파리로 와 줄 것을 부탁했고, 누나는 동생의 병간호와 임종을 지키기 위해 파리로 달려왔습니다. 쇼팽은 친구들이 모아준 정성으로 넓은 새 아파트로 이사해서 누나의 따뜻한 보살핌 속에 마지막 몇 달간 많은 사람들의 방문을 받으며 평안한 나날을 보냈습니다.

쇼팽의 임종(1849년 그림)

그리고 죽기 직전, 오랜 벗이자 성직자가 된 친구가 쇼팽을 찾 아왔습니다. 친구에게 종부성사*를 받은 쇼팽은 유언을 남겼습니

---

* 죽음이 임박한 가톨릭 신자에게 행해지는 의식으로, 죄를 용서하고 영적인 평화를 얻도록 돕는 성사.

다. 자신의 미완성 악보를 파기할 것과 그의 장례식에 모차르트의 레퀴엠을 연주할 것, 그리고 시신에서 심장을 떼어 조국 폴란드의 바르샤바로 보내달라는 말을 남겼죠. 누나 루드비카와 딸처럼 여겼던 솔랑주를 포함한 친구들이 죽어가는 그의 곁을 지켰습니다. 그는 임종 직전 발작을 일으켰고, 그것이 그의 마지막이었습니다. 겨우 39년을 살고 세상을 떠난 것이었죠.

쇼팽의 사진(1849년경)

쇼팽의 장례식도 그의 일생처럼 순탄치 않았습니다. 쇼팽이 유언으로 부탁한 모차르트의 레퀴엠은 여자 성악가의 역할이 큰데,

장례식이 열린 교회에서는 합창단에 여성 가수를 허용하지 않았습니다. 그것 때문에 장례식이 연기되었다가, 교회 측에서 쇼팽의 마지막 소원을 위해 양보하는 것으로 결정되었습니다. 추모객들은 장례식 후 페르라셰즈 공동묘지까지 그의 관을 뒤따랐습니다. 그의 심장은 따로 납골함에 담겨 폴란드 바르샤바의 성 십자가 교회의 납골당에 안치되었습니다.

쇼팽이 남긴 악보들은 제자였던 폰타나가 유족의 동의하에 유작으로 출판했고, 자산으로 가지고 있었던 부동산의 대부분은 쇼팽의 장례식 비용을 일체 지원한 제자 스털링이 사들였습니다. 그리고 쇼팽이 세상을 떠난 지 1년 후, 친구였던 들라크루아의 주도로 쇼팽이 생전 딸처럼 아끼던 솔랑주의 남편 클레징거가 조각한 기념비가 쇼팽의 무덤 위에 들어섰습니다. 깨진 리라*를 들고 슬퍼하는 뮤즈 형상의 기념비를 덮고 있던 막이 걷혀졌을 때 폴란드에서 가져와 간직하고 있던 흙이 그의 무덤 위에 뿌려졌습니다.

---

* 현악기의 한 종류.

대표 음악

· 녹턴 2번 Eb장조 Op.9(Nocturne in E flat Major No.2 Op. 9-2)

· 발라드 1번 G단조 Op.23(Ballade No.1 in G Minor Op. 23)

· 마주르카 1번 F#단조 Op.6(Mazurkas in F sharp Minor Op.6-1)

· 즉흥곡 4번 C#단조 〈환상즉흥곡〉 Op.66(Impromptu in C sharp Minor Op.66-4)

· 폴로네이즈 1번 A장조 〈군대〉 Op.40(Polonaise No.1 in A Major 'Militaire' Op. 40-1)

· 프렐류드 4번 E단조 Op.28 Largo(Preludes No.4 in E flat Minor Op.28-4)

· 스케르초 2번 Bb단조 Op.31 Presto(Scherzo No.2 in B flat Minor Op. 31)

· 피아노 협주곡 1번 E단조 Op.11(Piano Concerto No.1 in E Minor Op.11)

· 피아노 소나타 2번 Bb단조 〈장송 행진곡〉 Op.35(Sonate pour piano No.2 in B flat Minor Op.35-2)

· 에튀드 Op.10 3번 E장조 〈이별의 곡〉(Etude No.3 in E Major Op.10-3)

· 화려한 그랜드 왈츠 Eb장조 Op.18(Valse brillante in E flat Major Op.18)

추천 음악

 드미트리 쉬스킨(피아노) - 쇼팽 : 녹턴 E 플랫 장조,
작품번호 9-2

리스트 ♫

: 진정한 1세대 아이돌이 된 악마의 피아니스트

프란츠 리스트(Franz Liszt, 1811~1886)

리스트는 1811년, 헝가리 왕국의 에스테르하지 가문의 영지 도
보리안 마을*에서 태어났습니다. 그의 할아버지와 아버지는 하이
든을 후원했던 에스테르하지 가문에서 관리인으로 일했습니다.
아버지는 아마추어 첼리스트기도 했는데, 영지 관리와 더불어 에
스테르하지 가문의 오케스트라에서 제2 첼로 연주자로도 활동했
습니다. 그러다 보니 어린 리스트는 자연스레 아버지가 바이올린
이나 첼로 같은 악기를 다루는 모습을 보며 성장했습니다. 아들
이 6세가 되자, 아버지는 당연하다는 듯 피아노 연주를 가르쳐주
었습니다. 암보 연주**와 즉흥 연주 등 여러 가지 연주 기법을 직
접 가르쳐주었죠.

---

* 지금의 오스트리아 부르겐란트주의 라이딩.

** 곡을 외워서 연주하는 것.

리스트의 부모는 아들이 음악에 재능이 있는 것을 알고 교육을 위해 빈으로 이사를 결심했습니다. 헝가리의 귀족들이 보는 앞에서 공개 연주회를 열었고, 귀족들은 9세의 리스트를 위해 6년간의 장학금을 제공했습니다. 아버지의 고용주였던 에스테르하지 공작도 매년 600굴덴의 후원금을 약속했습니다. 다음 해, 리스트와 그의 부모는 빈으로 이사했습니다. 그리고 베토벤의 제자였던 체르니에게서 피아노를 배웠고, 궁정 악장 살리에리에게서 음악이론을 비롯한 작곡을 배웠죠. 체르니와 살리에리 두 사람 모두 리스트에게서 수업료를 받지 않았습니다. 다른 부유한 학생들에게서 수업료를 받고 있기 때문이기도 했고, 두 사람 모두 소년 리스트의 재능을 높이 평가했기 때문이었습니다. 물론 리스트의 부모가 경제적으로 넉넉하지 않다는 것도 알고 있었지만요. 체르니는 자신의 스승인 베토벤에게 리스트를 소개하기도 했습니다.

리스트가 귀족들에게 장학금과 후원금을 받아도, 세 식구가 빈에서 생활하는 것은 어려웠습니다. 그래서 리스트는 여러 곳에서 활발하게 연주회를 열었죠. 연주회로 벌어들이는 수입은 생활비로 쓰였으며, 또 각지에서 연주회를 여는 것은 사람들에게 '프란츠 리스트'라는 이름을 널리 알리는 기회가 되기도 했습니다. 빈에서 시작해서 페스트*, 뮌헨, 아우크스부르크, 슈투트가르트, 스

---

* 현재 헝가리 수도 부다페스트의 일부.

트라스부르, 파리, 런던, 멘체스터…. 11세에 시작한 연주 여행은 13세가 될 때까지 이어졌습니다.

리스트 부자가 파리에 도착했을 때, 아버지는 아들을 파리 음악원에 입학시키고자 했습니다. 하지만 당시 파리 음악원장은 '외국인의 입학 불가' 규정을 내세워 리스트의 입학을 거절했죠. 그때문에 아버지는 아들을 위해 당시 최고의 음악가들에게 개인 교습을 받을 수 있게 해주었습니다. 이탈리아 출신의 파에르, 그리고 보헤미아 출신의 레이샤에게서 작곡을 배웠거든요. 비싼 수업료는 헝가리의 귀족들이 대준 후원금 중 남은 일부와 리스트가 연주회로 벌어들인 수익으로 충당했습니다.

아버지의 각별한 헌신으로 리스트는 유럽 전역에 '천재 신동'으로 명성을 쌓았습니다. 하지만 15세가 되던 해, 아버지가 갑작스레 장티푸스로 사망했습니다. 아버지의 죽음은 소년 리스트에게 큰 슬픔을 가져다주었고 깊은 우울감에 빠지게 됐죠. 리스트는 갑작스러운 아버지의 죽음으로 사람들의 오락을 위해 연주하는 데 회의감을 느꼈고, 독서에 빠져 삶과 예술의 의미에 대해 치열하게 고민했습니다. 특히 철학과 종교 서적을 탐독했죠. 그는 연주 활동을 모두 접은 채 런던에서 파리로 돌아와 어머니와 둘이 살면서 학생들을 가르치며 생계를 이었습니다. 아버지가 돌아가셨으니 가장이 되어 생계를 책임져야 했으니까요. 삶의 의미에 대해서 생각하면서 성직자의 길을 걸을까 하는 고민도 했습니다. 하지만 어머니는 하나뿐인 자식이 성직자가 되는 것을 두고 보지 않고 말렸습니다.

1830년 7월 혁명 이후, 리스트는 다시 사회활동을 시작했습니다. 베를리오즈의 〈환상 교향곡〉 첫 연주회에 참석한 후 충격을 받았습니다. 또 작가 위고·발자크·하이네·뮈세·비니·상드, 화가 들라크루아, 작곡가 베를리오즈·쇼팽과 교류하기도 했고요. 특히 쇼팽과는 친하게 지내며 사이가 좋았지만, 두 사람의 성향이 워낙 반대되다 보니 자연스레 사이가 멀어지게 되었고요. 반면 베를리오즈는 문학에서 아이템을 차용하여 곡을 작곡하는 편이었기 때문에 훗날 신독일악파*의 거두가 되는 리스트와 사이가 좋을 수밖에 없는 사람이었습니다. 둘은 서로 영향을 주고받으며 잘 지냈다고 합니다.

19세의 리스트는 파가니니의 파리 연주회에 참석했다가 큰 충격을 받았습니다. 당시 파가니니는 엄청난 기교로 바이올린을 연주해서 '바이올린의 악마'라고 불릴 정도였거든요. 그런 파가니니의 연주를 듣고 리스트는 '파가니니 같은 피아노 연주자가 되겠다.'고 마음을 먹었죠. 연주회 이후 며칠간 문을 걸어 잠그고 밥도 먹지 않은 채 미친 듯이 피아노 연습에 매달렸고, 파가니니의 바이

---

* 19세기 중반 독일 음악계에서 진보적 낭만주의를 대표하는 음악가 그룹으로, 바그너와 리스트가 주도. 기존의 형식적 제약에서 벗어나 감정과 표현의 자유를 중시했다. 기존의 고전주의 전통을 고수하는 보수주의 음악가들과 대립하며 독일 음악의 새로운 방향을 모색했다.

올린 기교를 피아노로 재현하는 방법을 연구했습니다. 그 결과 검지와 중지 사이에 불이 붙은 담배를 잡고 연주하기도 했고, 한 손에 세 손가락씩 총 여섯 개의 손가락만 가지고 바흐의 어려운 푸가를 연주하기도 하는 등 곡예에 가까운 피아노 연주를 선보일 수 있게 되었죠. 또 파가니니가 작곡한 〈24개의 무반주 카프리스〉를 피아노에 맞춰 편곡해 〈파가니니에 의한 초절기교 연습곡〉을 만들기도 했습니다. 리스트는 이 무렵부터 작곡도 기교에 중점을 두고 하기 시작했습니다.

22세의 리스트는 28세의 마리 다구 백작부인을 처음 만났습니다. 파리의 한 살롱 모임에서였죠. 두 사람은 처음 만난 자리에서 서로 강하게 끌렸습니다. 리스트는 부인의 지성과 예술 이해도에 끌렸고, 부인은 리스트의 천재성에 끌렸습니다. 하지만 불륜이었죠. 부인은 유부녀인데다가 남편과의 사이에 3명의 아이도 있었거든요. 결국 두 사람은 세상의 비난에서 벗어나 스위스의 제네바로 사랑의 도피를 떠났습니다. 5년간 함께 지내며 2명의 딸과 1명의 아들이 태어났습니다. 9년 가까이 연인으로 지냈고, 사실혼 관계로 아이까지 셋 낳았지만 그들의 사랑은 영원하지 않았습니다. 리스트가 다시 연주 활동으로 복귀하려 하자 상황이 달라졌고 의견 차이가 생겼습니다. 리스트는 당시 유럽에서 가장 인기 있는 음악가였습니다. 곡예에 가까운 연주에 빠진 많은 귀부인이 그의 팬이었죠. 연주회 중에 리스트가 피우던 시가 꽁초나 끊어진 줄, 연주 도중 벗어던진 장갑 같은 잡동사니를 차지하기 위해 자기들끼리 머리채를 잡고 싸우기도 했고, 연주가 끝나고 귀가하는 리스트의 마차 뒤로 수백 대의 귀부인 마차가 줄을 서기도 했습니다. 당시 이 리스트 신드롬을 '리스토마니아Lisztomania'라고 하는데, 오늘날 광적인 애호가를 이르는 단어 '마니아Mania'의 기원이기도 합니다. 하지만 마리 다구 백작부인의 의견은 달랐습니다. 안정적인 가정을 꾸리고 싶어 했고, 리스트의 연주 활동을 좋아하지 않았습니다. 결국 두 사람은 결별했고, 두 사람 사이의 세 자녀는 리스트의 어머니가 맡아 양육했습니다. 리스트는 거금의 양육비를 어머니에게 정기적으로 보냈고요.

마리 다구 백작부인과 결별한 리스트는 자유롭게 음악 활동을 이어갈 수 있었습니다. 오스트리아, 헝가리, 트란실바니아, 루마니아, 몰다비아, 우크라이나를 아우르는 동유럽 투어를 떠났는데, 투어의 끝이었던 우크라이나 키예프에서 리스트는 일생 두 번째 사랑을 만났습니다. 28세의 자인-비트겐슈타인 공작부인을 만난 것이었죠. 그녀는 리스트보다 8살 어렸는데, 러시아 귀족인 자인-비트겐슈타인 공작과 사이에서 딸 하나를 둔 유부녀였습니다. 물론 정략결혼이었 때문에 거의 10년째 별거 중인 상태긴 했지만요. 두 사람은 첫눈에 반했고 연인이 되었습니다. 공작부인과 만난 리스트는 그의 음악 인생에서 전환기를 맞습니다. 공작부인은 리스트의 재능이 연주 활동으로 낭비되고 있다고 생각해서 작곡에 집중하기를 제안했습니다. 이전에도 리스트가 작곡을 하기는 했지만, 즉흥 연주에 특히 뛰어났기 때문에 소년 시절 작곡한 곡 중에서 악보로 남긴 곡은 많지 않았습니다. 때마침 바이마르 대공이 리스트에게 궁정 악장 자리를 제안했고, 리스트는 그 제안을 승낙해 바이마르에 정착하게 됩니다.

그 덕분에 그는 안정된 수입과 창작을 위한 시간적 여유를 얻게 되었습니다. 그뿐만 아니라 궁정 오케스트라를 통해 자신의 작품을 실험하고 지휘할 수 있게 되었고요. 이전에는 최정상의 기교파 피아니스트로 유명했다면, 이때부터 리스트는 작곡가이자 지휘자로 유명해지기 시작했습니다. 이전에도 지휘 활동을 했지만, 바그너의 〈로엔그린〉을 바이마르 궁정 오케스트라와 처음 연주한 것으로 탁월한 지휘 능력과 작품 선구안을 인정받았거든요. 이후 신독일악파의 선구자로서, 젊은 후배 음악가들의 후원자로서 평가받기 시작했습니다. 작곡가로서도 변신을 꾀했습니다. 이전에는 화려하고 기교를 드러내는 형식의 음악을 만들었다면, 혁신적인 스타일로 창작 스타일을 바꾸었죠. 그중 대표적인 것이 '교향시'라는 새로운 형식을 만들어낸 것이었습니다. 이전의 교향곡이 여러 악장으로 구성된 형식이었다면, 교향시는 단악장, 즉 하나의 악장 형식을 가진 새로운 형식을 가진 새 장르의 음악이었죠. 〈전주곡〉, 〈오르페우스〉, 〈파우스트 교향곡〉 같은 음악들이 대표적입니다.

자인-비트겐슈타인 공작부인과 리스트는 오랜 시간 동거하며 사실혼 관계를 유지하고 있었고, 두 사람 다 결혼을 원했습니다. 하지만 자인-비트겐슈타인 공작은 아무리 오랜 시간 별거 중이었다 하더라도 이혼에 합의해주지 않았죠. 공작부인이 오랜 시간 동안 노력한 결과, 교황청에서는 공작 부부의 혼인 무효를 승인했습니다. 이에 두 사람은 리스트의 50세 생일에 로마에서 결혼식을 올리기로 했죠. 하지만 결혼식 전날, 자인-비트겐슈타인 공작과 러시아 황실의 방해로 교황청의 승인이 철회되었고, 결혼은 무산되었습니다. 결국 두 사람은 결혼을 포기하고 이별하기로 결심했습니다. 리스트도, 공작부인도 평소에 신앙심이 두터웠던 사람들이었기 때문에, 이별의 아픔을 종교로 승화하겠다고 마음을 먹었습니다. 공작부인은 로마에 머물며 종교와 철학 연구에 몰두하기로 했고, 리스트는 54세의 나이로 종교에 귀의하기로 했습니다.

요제프 황제 앞에서 연주하는 명예 성직자 프란츠 리스트

리스트는 명예 성직자가 되어 로마와 바이마르, 부다페스트를 오가며 살게 되었습니다. 성직자가 되고 5년간은 로마에 머물며 세속적인 삶에서 떨어져 종교적 명상과 연구에 몰두했고, 종교 음악을 작곡했습니다. 매일 아침 미사에 참석하고 기도를 했으며, 정기적으로 교황을 알현했죠.

58세가 되던 해에는 바이마르 대공의 요청으로 다시 바이마르의 궁정 악장으로 일하게 되었습니다. 리스트는 매년 여름이면 바이마르에 머물며 자신을 찾아온 피아니스트들을 무료로 레슨해주었습니다. 이때 리스트에게 가르침을 받은 젊은 피아니스트들은 리스트 학파를 형성했고요.

또 딸 코지마*와 사위 바그너의 초청을 받아 독일 바이로이트를 방문했습니다. 바그너는 자신의 오페라 작품만을 위해 세워질 오페라 축제 극장의 첫 삽을 뜨는 행사에, 장인인 리스트가 참석해주기를 바랐습니다. 리스트는 고민 끝에 사위와 딸의 요청을 받아들였고, 그 이후 매년 왕래하며 지냈습니다.

부다페스트에서 새로 개교한 왕립 음악 아카데미 초대 원장이 되어달라는 요청이 들어왔습니다. 리스트가 64세가 되던 해였죠.

---

* 리스트의 세 자녀 중 차녀. 첫째 딸과 막내아들은 20대의 나이에 사망했고, 유일하게 살아남은 자녀였다. 리스트의 제자였던 지휘자 한스 폰 뷜로와 결혼해 딸 둘을 낳았지만, 아버지의 친구뻘인 유부남 바그너와 불륜에 빠져 뷜로와 이혼 후 재혼했다. 리스트는 불륜관계에 충격을 받고 코지마와 바그너의 결혼을 반대했으며 결혼식에도 참석하지 않았고 한동안 절연했다.

그는 1년 중 3개월만 부다페스트에 머무는 조건으로 가을 한철간 부다페스트에 머물며 후학 양성에도 힘을 쏟았습니다. 이때부터 17년간 여름에는 바이마르, 가을에는 부다페스트, 겨울과 봄에는 로마로 옮겨 다니며 작곡가이자 교육자, 그리고 종교인으로서 3중의 삶을 살았습니다.

70대가 되어서도 건강을 자랑했던 리스트였지만, 그 또한 흐르는 세월은 막을 수가 없었나 봅니다. 74세부터 기력이 쇠하기 시작했는데, 눈이 침침해져서 더 이상 작곡을 할 수가 없었으며, 다리가 붓기 시작하여 혼자 걸을 수도 없었습니다. 말년의 리스트는 대외 요청을 다 물리치고 런던 방문 요청만 수락해 영국을 다녀오기만 했습니다.

75세의 리스트는 영국을 방문하고 돌아오는 길에 미망인이 된 딸 코지마를 위로할 겸, 외손녀의 결혼식에 참석할 겸 바이로이트로 향했습니다. 도착하면 바이로이트 오페라 축제에서 사위의 오페라를 관람할 계획도 가졌죠. 바이로이트로 가는 도중, 그는 심한 감기에 걸렸는데, 이 감기가 폐렴으로 발전했습니다. 바이로이트에 도착한 리스트는 오페라 두 편을 겨우 감상했고, 바로 병석에 누워 회복하지 못하고 사망했습니다. 그가 세상을 떠났을 때 딸 코지마와 손주들은 축제 주최 측으로 귀빈을 접객하기 위해 잠시 그의 곁을 비운 상태였습니다. 장례는 사망 3일 후에 치러졌고, 바이로이트 시립 묘지에 묻혔습니다.

대표 음악

· 교향시 타소, 비탄과 승리 S.96(Symphonic Poem 'Tasso, Lamento E Trionfo')

· 교향시 전주곡 S.97(Symphonic Poem 'Les Preludes')

· 교향시 마제파 S.100(Symphonic Poem 'Mazeppa')

· 파우스트 교향곡 S.108(A Faust Symphony)

· 단테 교향곡 S.109(Dante Symphony)

· 피아노 협주곡 1번 Eb 장조 S.124(Piano Concerto No.1 in E flat Major)

· 피아노 협주곡 2번 A 장조 S.125(Piano Concerto No.2 in A Major)

· 헝가리 환상곡 S.123(Hungarian Fantasy)

· 죽음의 무도 S.126(Totentanz)

· 초절 기교 연습곡 S.139(Transcendental Etude)

· 파가니니 연습곡 S.141(Paganini Etude)

· 피아노 소나타 B단조 S.178(Piano Sonata in B Minor)

· 헝가리 랩소디 S.359(Hungarian Rhapsody)

· 야상곡 3번 Ab 장조 〈사랑의 꿈〉 S.541(Nocturne No.3 in A flat Major 'Libestraume')

추천 음악

 바네사 베넬리 모셀(피아노) - 리스트 : 녹턴 3번 A 플랫 장조 '사랑의 꿈'

브람스

: 베토벤의 후계자로 불리다

요하네스 브람스(Johannes Brahms, 1833~1897)

　브람스는 1833년 독일 함부르크에서 태어났습니다. 브람스는 2
남 1녀 중 둘째이자 장남으로, 2살 많은 누나와 2살 어린 남동생
이 있었습니다. 아버지는 작은 오케스트라의 호른과 더블베이스
연주자였기에, 브람스는 어린 시절부터 아버지에게서 악기를 배울
수 있었습니다. 하지만 아들이 피아노에 관심을 가지자, 아버지는
7세의 아들을 피아니스트이자 작곡가인 코셀에게 데려가 음악을
가르쳤습니다. 브람스가 10세 때 사람들 앞에서 공개 연주회 피아
노 연주자로 데뷔할 정도로 재능을 꽃피우자, 코셀은 자신의 스승
이었던 마르크센을 소개해주었습니다. 마르크센은 피아노뿐 아니
라 음악 이론과 작곡에 대해 체계적으로 가르쳤고요. 하지만 소
년의 집은 가난했고, 교육만 받고 지낼 수는 없었습니다. 14세 경
부터는 선술집이나 여관, 무도회장 등에서 밤늦게까지 피아노 연
주를 하며 돈을 벌어야 했죠. 결국 이 아르바이트 때문에 건강을

많이 해쳤고, 병에 걸렸습니다. 그래서 아버지 지인의 제안으로 함부르크 외곽의 시골 마을에 요양을 보내주었는데, 이 요양을 통해 브람스는 건강을 회복했을 뿐 아니라 일생 동안 산책과 사색하는 습관을 붙일 수 있었습니다. 요양에서 돌아온 소년은 15세가 되었고, 함부르크에서 첫 독주회를 열었습니다. 그리고 이 자리에서 자작곡을 처음으로 선보였습니다. 첫 번째 독주회를 가진 후 1년 뒤 두 번째 독주회를 가졌는데, 이 연주회에서 베토벤의 발트슈타인 소나타 같은 대작들을 연주했고, 대중들에게 '뛰어난 연주자'라는 인식을 심어주었습니다.

브람스는 가난한 가정경제 때문에 정규 교육 과정을 밟지 않고 음악 교육만 받으며 성장했습니다. 그래서 라틴어 같은 일반적인 교양 과목은 부족했지만, 책을 많이 읽으며 지식을 쌓았다고 합니다.

브람스가 20세 되던 해, 바이올리니스트 레메니가 그를 찾아왔습니다. 레메니는 당시 유럽 순회공연 중이었는데, 재능 있는 피아노 반주자를 찾고 있었거든요. 함부르크에서 브람스에 대한 소문을 듣고 찾아온 것이었습니다. 덕분에 브람스는 함부르크를 떠나 독일 각지를 순회하며 연주 활동을 하게 되었습니다. 처음 함부르크 인근에서 벗어나서 말이죠. 레메니와 순회공연을 하던 중 바이마르를 찾았는데, 이곳에서 리스트를 처음 만나게 되었습니다. 당시 리스트는 바이마르 궁정 악장으로 일하면서 음악계에서 최정상의 위상을 차지하고 있었습니다. 리스트는 브람스가 작곡한 곡을 직접 연주하며 그의 재능에 감탄했습니다. 하지만 두 사람의 성향이 너무나 달랐습니다. 그래서 브람스와 리스트 둘의 첫 만남은 긍정적이었지만, 깊이 교류하지 않았죠.

레메니의 투어 중간 하노버에서, 브람스는 당시 최고의 바이올리니스트로 손꼽히는 요아힘을 만나게 되었습니다. 당시 요아힘은 하노버 궁정 오케스트라의 바이올린 독주자이자 콘서트마스터로 일하고 있었는데, 레메니와 요아힘 두 사람이 같은 헝가리 출신이라 서로 알고 있었거든요. 요아힘은 브람스보다 2살 많았는데. 브람스의 뛰어난 피아노 연주 실력과 작곡 능력을 인정해주었고, 이후 평생 친구로 가깝게 지냈습니다. 브람스는 하노버 직후 괴팅겐에서 레메니와 결별하고 투어를 중단했습니다. 그리고 뒤셀도르프로 향했죠. 요아힘이 슈만을 찾아가 보라고 조언했기 때문이었습니다.

브람스는 요아힘의 소개장을 들고 뒤셀도르프로 가서 슈만을 만났습니다. 그는 슈만과 그의 아내 클라라가 보는 앞에서 자신이 작곡한 피아노 소나타 연주를 선보였고, 슈만 부부는 브람스의 뛰어난 재능을 꿰뚫어 보았습니다. 연주가 끝나자 슈만은 그를 '뮤즈의 총아'라고 극찬했고요.

슈만과의 우정은 브람스에게 큰 힘이 되었습니다. 슈만은 음악 잡지 《음악 신보》의 창간인이었는데, 이 잡지에 브람스를 소개하기 위해 '새로운 길'이라는 제목의 기고문을 실었습니다. 이 글에서 슈만은 브람스를 '베토벤을 이을 새로운 천재'로 소개했는데, 기고문 덕분에 브람스는 하룻밤 새 유럽 음악계에서 주목하는 신인이 됐습니다. 이전까지는 작곡한 곡들을 출판하지 않았지만, 이제는 신중하게 곡을 선택해 출판하기 시작했고, 이전에 작곡했던 곡들도 새로 손보는 등 슈만의 기대에 어긋나지 않기 위해 노력했습니다. 슈만과 헤어진 브람스는 라이프치히로 향했습니다. 《음악신보》에서 주목할 신인 음악가로 소개된 이후였기 때문에, 라이프치히에서 활동하고 있던 여러 음악계 인물이 그에게 큰 관심을 보였던 것은 당연했습니다. 슈만의 인맥은 라이프치히에서도 브람스에게 큰 도움이 되었습니다. 특히 최고의 음악 출판사로 꼽히던 곳에도 슈만의 추천으로 찾아가 도움을 받을 수 있었습니다. 라이프치히에 머물고 있을 때 프랑스의 작곡가 베를리오즈를 만날 기회가 있었는데, 베를리오즈 또한 브람스의 천재성에 감탄하며 극찬했다고 하죠.

라이프치히에서 성공적인 활동 이후, 브람스는 다시 함부르크로 돌아갔습니다. 함부르크에 머물면서 클라라 슈만과 자녀들을 보살피기 시작했죠. 슈만이 라인강에 투신해 자살미수가 된 이후로 엔데니히 정신병원에 입원했기 때문이었습니다. 브람스에게 슈만은 은인이었습니다. 슈만의 기고 덕분에 성공적으로 음악계에 이름을 알렸으니까요. 그와 그의 가족들은 슈만 가족의 불행에 함께 슬퍼하고 걱정했습니다. 브람스는 슈만 가족에 경제적 지원과 정서적 지원을 아끼지 않았으며, 클라라를 위해 〈슈만 주제에 의한 변주곡〉을 작곡하기도 했습니다. 그러다 보니 브람스와 클라라의 사이가 가까워진 것은 당연했습니다. 하지만 그는 그녀보다 14살이나 어렸고, 남편과 사별한 그녀에게는 남겨진 7명의 아이가 있었죠. 그래서 두 사람 사이는 연인으로 발전하지 않았습니다. 브람스에게 슈만은 소중한 사람이었습니다. 클라라를 사랑한 감정만큼이나요. 그는 클라라에게 평생토록 플라토닉한 연정을 품고 혼자 살았습니다.

슈만이 사망한 다음 해, 24세의 브람스는 리페 공국의 수도인 데트몰트의 궁정에서 일하게 되었습니다. 1년 중 3개월만 데트몰트에 머물며 궁정의 음악 감독이자 피아니스트로 활동했고, 공국의 왕자와 공주들을 교육하는 일도 맡았습니다. 1년 중 9개월의 여유가 있었고, 안정적인 수입이 들어왔으므로 그는 작곡에 집중할 수 있었습니다. 오랜 기간 작업했던 〈피아노 협주곡 1번〉을 이 시기에 완성했고, 다른 오케스트라 작품 몇 곡과 현악 6중주와 같은 실내악곡도 완성했습니다. 그는 〈피아노 협주곡 1번〉을 대중에 공개했지만 흥행에 실패했습니다. 당시 대중에게 인기 있었던 음악은 화려한 기교가 강조되는, 리스트의 신독일악파 류의 음악이었습니다. 하지만 브람스의 음악은 기교 대신 심오한 내용에 무거운 감정을 담은 음악이었고, 베토벤과 슈만의 고전주의 전통을 잇는 음악이었기 때문이었습니다. 리스트를 지지하는 잡지에서

'더 이상 바흐의 푸가 같은 구닥다리 음악은 의미가 없다.'는 도발적인 기사를 싣자, 브람스와 친구들, 즉 요아힘, 숄츠 등이 이에 반대하는 성명서를 작성했습니다. 이때부터 브람스와 친구들은 리스트와 리스트의 추종자들, 그리고 더 나아가서 바그너의 추종자들과 맞서 대립하게 되었습니다.

20대 후반의 브람스는 데트몰트의 생활을 정리하고 고향 함부르크로 돌아갔습니다. 함부르크 필하모닉의 상임 지휘자가 되려고 했죠. 하지만 노력과 달리 실패했습니다. 그는 실망했고, 좌절했습니다. 그리고 고향에 대한 미련을 버리고 새로운 곳으로 옮겨 음악 활동을 하기로 결심했습니다. 브람스는 처음으로 빈에 방문해 첫 번째 연주회를 열었고 성공을 거뒀습니다. 그리고 곧 자신이 활동하기에 그곳이 좋다는 판단을 내렸죠. 빈은 하이든과 모차르트, 베토벤 등 존경하던 선배 음악가들이 활동하던 무대였으며, 빈의 음악계 친구들은 그를 따뜻하게 환대해주었습니다. 빈 필하모닉의 콘서트마스터였던 헬메스베르거는 주위 사람들에게 '베토벤의 후계자'라며 브람스와 그의 음악을 소개하기도 했습니다.

브람스가 함부르크 생활을 정리하기는 했지만, 그의 부모와 누나는 여전히 함부르크에 머물고 있었습니다. 그가 빈 생활 3년 차에 접어들었을 때, 그의 어머니가 뇌졸중으로 사망했습니다. 어머니가 위독하다는 소식을 듣고 급히 함부르크로 향했지만 임종을 지킬 수 없었죠. 슈만의 갑작스러운 죽음 이후, 어머니의 죽음은 브람스에게 큰 충격이었습니다. 그래서 그 슬픔을 극복하기 위해, 이전부터 구상 중이었던 〈독일 레퀴엠〉 작곡에 더욱 몰두하게 되었습니다. 어머니가 세상을 떠난 지 3년 뒤, 브람스는 6악장으로 구성된 레퀴엠을 직접 지휘해 대중에 공개했습니다. 그리고 큰 성공을 거뒀죠. 사람들은 〈독일 레퀴엠〉의 성공을 보며 15년 전 슈만이 《음악 신보》에 실었던 기고 '새로운 길'에서 '베토벤을 이을 새로운 천재'라고 했던 것을 떠올렸습니다. 슈만의 예언이 현실이 되었다며 말이죠. 당시 빈에서 명망 높았던 음악 평론가 한슬리크 또한 바흐의 〈B단조 미사〉와 베토벤의 〈장엄 미사〉를 잇는 최고의 종교 음악으로 꼽을 정도였습니다. 브람스는 〈독일 레퀴엠〉의 성공에 자신을 얻어 이전부터 작업하던 곡들을 정리해서 완성했고, 새로운 곡도 많이 썼습니다.

빈 카를 성당 앞 공원의 브람스 동상. 맞은 편에는 빈 악우협회 본부가 있다.

빈에 완전히 정착하기로 마음을 먹은 브람스는 카를 성당 앞의 아파트를 얻었습니다. 함부르크를 떠나 빈으로 이주한 지 10년째였죠. 그로부터 얼마 지나지 않아 그의 아버지 또한 세상을 떠났습니다. 장례를 치르고 나서, 브람스는 함부르크로 돌아갈 일이 없어졌습니다. 카를 성당 앞 아파트로 돌아온 그는 현악 4중주를 비롯한 실내악곡과 가곡들, 그리고 오랜 시간 작업하고 있었던 〈교향곡 1번〉을 작업하며 마음을 추슬렀습니다.

이 무렵 브람스는 빈 악우협회의 음악 감독 루빈슈타인의 후임으로 낙점되어 있는 상태였습니다. 협회 산하의 오케스트라*와 합창단의 지휘자로 일하며 안정적인 수입이 보장된 자리였습니다. 10년이 넘는 기간 동안 브람스의 음악성에 대해 왈가왈부했던 평단과 대중들에게 일희일비하지 않고 자신만의 길을 뚝심 있게 지켰던 결과였죠. 브람스는 음악 감독에 부임했던 39세부터, 3년간 1시즌에 6번의 콘서트, 즉 18번의 콘서트를 가졌습니다. 헨델과 바흐·하이든·모차르트로 대표되는 바로크·고전 음악들부터, 베를리오즈와 멘델스존·슈만·루빈슈타인 등의 음악들까지 폭넓은 선곡을 했으며, 뛰어난 해석을 선보였습니다. 대중들은 브람스를 대가로 인정했고, 바이에른 국왕 루트비히 2세 또한 막시밀리안 과학예술훈장을 수여해 작곡가로서 업적을 인정해주었습니다.

---

* 오늘날 빈 필하모닉 오케스트라.

브람스는 악우협회 음악 감독 2년 차부터 3년간 오스트리아 국립 장학금 심사위원으로 활동하게 되었습니다. 오스트리아-헝가리 제국의 재능 있는 작곡가를 발굴하는 제도였죠. 그가 심사위원이 된 첫해에, 장학금을 신청한 보헤미아* 작곡가 드보르작을 알게 되었습니다. 그는 드보르작의 작품을 보고 감탄했고, 상을 수여했습니다. 그리고 자신의 출판사를 소개해 작품을 출판할 수 있게 해주기도 했고요. 바람직한 멘토-멘티 관계였죠. 브람스와 드보르작은 14살 차이였지만, 나이를 뛰어넘는 우정을 평생에 걸쳐 나눴습니다.

이렇게 음악계에서 인정받고 불러주는 곳도 많았지만, 브람스는 3년 만에 빈 악우협회 음악감독직을 비롯한 모든 자리에서 물러났습니다. 행정이라던가 조직 관리를 비롯한 일이 너무 많았고, 작곡에 쓸 에너지와 시간을 뺏기는 것 같았거든요.

이후 브람스는 작곡 활동에만 몰두하며 모든 제안을 거절했습니다. 빈을 벗어나 독일 북동부에 위치한 뤼겐섬에 머물면서 첫 번째 교향곡 마무리에 집중했습니다. 다음 해에는 오스트리아 뵈르테르제 호숫가 휴양지에서 두 번째 교향곡도 단숨에 써서 완성해 버렸습니다. 두 교향곡은 대중의 귀를 완전히 사로잡았고 평단 또한 극찬했습니다. 특히 바그너 추종자였던 지휘자 빌로는 브람

---

* 지금의 체코. 당시는 보헤미아였고, 오스트리아-헝가리 제국의 영토였다.

스 교향곡 1번이 베토벤의 뒤를 잇는다는 의미에서 '10번 교향곡*'
이라 극찬했고, 브람스를 독일의 3B(바흐Bach·베토벤Beethoven·브람스
Brahms)라고 이름 붙였습니다. 적대적인 진영의 사람이 바흐와 베토
벤의 뒤를 잇는 위대한 작곡가라고 추켜올려준 것이었죠. 브람스
는 〈바이올린 협주곡〉도 작곡해 오랜 친구였던 요아힘에게 헌정했
습니다.

 전 유럽이 브람스의 음악에 경의를 표했으며, 어디서나 그를 원
했습니다. 36세가 되던 해에는 바흐가 만년을 보냈던 라이프치히
성 토마스 교회의 칸토르 자리를 제안받기도 했고, 고향 함부르
크 필하모닉의 지휘자 자리, 빈 궁정 오페라 극장의 감독 자리, 쾰
른 음악원 원장 자리도 제안받았지만 모두 거절했습니다. 대신 명
예철학박사 학위 제안이 왔을 때는 기쁜 마음으로 받아들였는데,
44세가 되던 해에는 영국 케임브리지로부터, 46세가 되던 해에는
독일의 브레슬라우 대학**에서 제의를 받았습니다. 감사의 의미로
케임브릿지에는 갓 완성한 〈교향곡 1번〉을 보냈고, 브레슬라우에
는 〈대학 축전 서곡〉을 작곡해 헌정했습니다. 그 이후 브람스는
최고의 전성기를 맞이했습니다. 당대 최고의 작곡가로 평가받고
있었고, 〈비극적 서곡〉, 〈피아노 협주곡 2번〉, 〈피아노 3중주 2번〉,

---

* 베토벤의 마지막 교향곡이 9번 '합창'이었다.
** 지금의 폴란드 브로추아프 대학.

〈교향곡 3번〉, 〈교향곡 4번〉 거의 매년 걸작들을 쏟아냈죠. 오랜 시간 공을 들여 키운 음악이 꽃을 피우고 열매를 맺는 중이었습니다.

브람스가 최고의 작곡가로 평가받는 것만큼, 바그너와 바그너의 지지자들은 브람스가 새로 발표하는 곡들에 '고루하다', '진부하다', '지루하다'고 혹평을 서슴지 않았습니다. 바그너는 언론을 통해 브람스를 공개적으로 비난해왔지만, 그는 대응하지 않았죠. 대신 브람스의 친구인 한슬리크가 바그너를 비판하며 대립각을 세웠습니다. 리스트와 바그너의 추종자였다가 브람스에게 돌아선 뷜로 또한 브람스의 음악을 직접 지휘하며 지지해주었고요.

위대한 작곡가이자 연주자였던 브람스는 일평생 결혼하지 않고 살았기 때문에 친구들이 많은 도움을 줬습니다. 친구의 도움으로 브람스의 집에도 전기가 들어왔고, 친구의 부인은 50대 독거남인 브람스에게 양말과 넥타이를 비롯한 옷가지를 선물해주기도 했습니다.

브람스는 평생 동안 스위스 베른의 툰 호수 근처와 이탈리아 등지로 여행을 다녔습니다. 여행지에서도 작곡에 몰두해 〈피아노 3중주 2번〉, 〈현악 5중주 1번〉 등 실내악곡들을 작곡했죠. 또 연주를 위해 라이프치히에 머물 때 러시아 작곡가 차이콥스키를 만나기도 했으며, 여름 휴가를 위해 온천 휴양지 바트 이슐에 방문했을 때 슈트라우스 2세를 만나 친하게 지냈습니다. 이렇듯 브람스는 각국의 유명 음악가들과 교류하며, 자유로이 여행을 다녔으며, 악상을 정리하며 끊임없이 작곡을 했습니다.

53세가 되던 해에는 프랑스 예술 아카데미의 명예회원으로 추대되었고, 56세가 되던 해에는 고향 함부르크의 명예시민으로, 그로부터 3년 뒤에는 빈의 예술가 클럽 명예회장 추대를 받았으며, 62세가 되던 해에는 프란츠 요제프 황제의 레오폴트 훈장을 수여받기도 했습니다. 함부르크 명예시민이 된 해에는 토마스 에디슨의 대리인이 축음기를 들고 빈의 브람스를 찾아왔는데, 실험 녹음을 권해서 〈헝가리 무곡 1번〉의 축약 버전을 녹음하기도 합니다.

57세 때에는 더 이상 곡을 쓰지 못하겠다고 절필 선언을 하고, 출판사에 자신의 사후 미발표곡 출판에 관한 내용을 쓴 유서를 보냈습니다. 하지만 1년 뒤에 메이닝겐 오케스트라의 연주를 듣고 클라리넷 연주에 깊은 감명을 받아 다시 작곡을 시작했습니다. 브람스의 말년에 유독 클라리넷 곡이 많았던 것은 이런 이유에서 비롯된 것입니다.

63세가 되던 해, 브람스와 평생 동안 우정을 나누며 음악 세계를 공유하던 클라라가 사망했다는 소식이 날아들었습니다. 그는 전보를 받고 장례식에 참석하기 위해 바트이슐에서 본으로 가는 기차를 탔습니다. 어찌나 정신이 없었는지, 기차를 놓치기도 하고, 여러 번 갈아타고, 심지어 반대 방향으로 가는 기차를 타서 장례가 끝날 무렵 본에 도착했죠. 그는 클라라의 무덤 앞에서 오열하며 평생의 사랑이자 뮤즈였던 그녀를 보내주었습니다.

이미 많은 친구와 모든 혈육이 세상을 떠난 가운데 자신의 인생 대부분을 함께 공유하고 있던 클라라가 세상을 떠난 것은 브람스에게 무척 큰 충격이었습니다. 갑작스레 체중이 줄었으며 황달 증세를 보였는데, 시간이 지나도 건강은 나아지지 않았습니다. 그가 간암으로 위독하다는 소식을 들은 노르웨이의 작곡가 그리그가 찾아와 그를 위로했지만, 며칠 뒤, 브람스는 63세의 나이로 세상을 떠났습니다. 클라라가 세상을 떠난 지 11개월 뒤였습니다.

집 근처에 있던 칼스 성당에서 장례식이 치러졌고, 그를 사랑했던 많은 사람들이 몰려들었습니다. 그의 출판을 담당했던 짐로크, 그의 친구이자 열성 지지자였던 평론가 한슬리크, 동료 음악가였던 리히터와 말러, 멘티 드보르작, 평생 우정을 지켰던 요아힘까지. 많은 이들이 그의 관을 들고 따랐으며 유해는 빈 중앙묘지의 베토벤과 슈베르트 곁에 묻혔습니다.

빈 중앙묘지(Zentralfriedhof) 음악가의 묘역, 브람스의 영묘.
브람스는 1897년 세상을 떠났고, 오스트리아 빈의 중앙묘지에 잠들어 있다.

대표 음악

· 교향곡 4번 E단조 Op.98(Symphony No.4 in E Minor)

· 바이올린 협주곡 D장조 Op.77(Violin Concerto in D Major)

· 피아노 협주곡 1번 D단조 Op.15(Piano Concerto No.1 in D Minor)

· 첼로 소나타 1번 E단조 Op.38(Cello Sonata No.1 in E Minor)

· 헝가리 무곡 WoO.1(Hungarian Dances)

· 대학축전 서곡 C단조 Op.80(Academic Festival Overture in C Minor)

· 파가니니 주제에 의한 변주곡 Op.35(Variations on a Theme of Paganini)

추천 음악

 헝가리 부다페스트 심포니 오케스트라 - 브람스 : 헝가리 무곡 中 5번

4부

후기 낭만주의 및 민족주의

예술계에 불어온 민족운동의 바람

후기 낭만주의(Late Romanticism)를 지나 민족주
의(Nationalism)가 찾아왔습니다. 이 시기 사회는
매우 혼란스러웠습니다. 여러 나라에서 독립운동이
벌어졌고, 민족주의가 번졌으며, 자국의 민요나 민
담을 소재로 한 예술이 유행했지요. 바그너, 차이콥
스키, 드보르작, 푸치니, 라흐마니노프가 이 무렵의
대표 음악가입니다.

장프랑수아 밀레의 〈만종〉

바그너

: 독일 오페라의 왕, 혁명 속에서 수배자가 되다

리하트르 바그너(Wilhelm Richard Wagner, 1813~1883)

　바그너는 1813년 독일의 라이프치히에서 3남 5녀[*] 중 막내로 태어났습니다. 라이프치히 경찰서 서기였던 아버지는 바그너가 출생한 지 여섯 달 되었을 때 장티푸스로 세상을 떠났고, 많은 아이를 건사해야 했던 어머니는 다음 해에 배우 겸 가수이자 작가와 재혼했습니다. 이런 배경 때문에 어린 바그너는 친아버지보다 의붓아버지의 영향을 많이 받을 수밖에 없었습니다. 새 아버지는 바그너가 8세가 되던 해 세상을 떠났지만, 함께 한 7년은 바그너의 일생 중 가장 순수하고 예민한 소년 시기였다는 것을 감안한다면, 훗날의 음악가 바그너가 있게 하기에 충분한 시간이었습니다. 새아버지가 드레스덴 궁정 극장에서 일하게 되면서, 가족들은 라이프치히에서 드레스덴으로 이사했습니다.

---

[*]　어머니 재혼 후 여동생 하나가 더 생겼지만, 아버지까지 같은 형제는 3남 5녀였다.

바그너는 7세가 되던 해부터 드레스덴 외곽 마을의 베첼 목사에게 맡겨져 교육을 받았는데, 이때부터 피아노를 치기 시작했습니다. 그리고 새아버지가 사망한 다음 해에는 드레스덴의 명문 기숙 학교인 크로이츠 학교에 입학했습니다. 소년 합창단이 유명한 이 학교에서 기본적인 교육을 받게 되었죠. 가장 큰 누나가 프라하에 일자리를 얻으면서 어머니를 비롯한 온 가족이 다 프라하로 이사를 갔고, 소년 바그너만 드레스덴에 남았습니다. 그는 이 무렵부터 라이프치히에 살고 있던 삼촌 아돌프와 교류하기 시작했는데, 삼촌은 문학과 철학에 관심이 많은 학자였습니다. 삼촌의 영향 덕분에, 바그너에게서는 문학적 재능이 두드러지게 나타났습니다. 연극에 심취해 희곡을 썼고, 이 경험은 훗날 그가 오페라를 제작할 때 많은 도움이 되었습니다.

바그너가 살고 있던 드레스덴에는 오페라 극장이 있었습니다. 그는 종종 극장을 찾고는 했는데, 우연한 기회에 베토벤의 교향곡과 베버의 오페라 〈마탄의 사수〉를 보고 아주 큰 감동을 받았습니다. 이때만 하더라도 소년 바그너는 극작가를 목표로 삼고 있었습니다. 음악은 극을 훌륭하게 만들 보조적 수단으로써 관심을 가질 뿐이었죠. 몇 곡의 습작품들이 완성되었고, 그가 직접 쓴 연극 〈로이발트〉에 곡을 붙이기 시작하면서 음악사에 길이 남는 오페라 작곡가의 탄생이 시작되었습니다. 14세가 되던 해, 크로이츠 학교를 그만둔 바그너는 다시 라이프치히로 옮겨갔습니다. 진로를 고민하다가, 삼촌 아돌프가 일하고 있던 니콜라이 학교에 진학하기로 했고요. 하지만 음악에만 정신이 팔려있었기 때문에 그의 학교 성적이 좋지 않아 3년 만에 또다시 학교를 옮겨야만 했고, 옮겨간 학교에서도 아주 짧게 배우다가 18세가 되고 나서 라이프치히 대학교에 철학과 미학 전공으로 입학했습니다. 바그너는 2년간 대학에 다니면서도 음악을 배우고 싶어 성 토마스 교회의 음악 감독 바인히리에게 레슨을 받았습니다.

20세가 되던 해, 바그너는 형의 도움을 받아 뷔츠부르크 시립 오페라 극장 합창 지휘자 자리를 얻었습니다. 이때부터 약 10년간 각 지역을 돌아다니면서 지휘자로서 활동하여 생활을 이어갔고, 그 틈틈이 곡을 만들어 발표했습니다.

이 시기에 작곡된 바그너의 초창기 오페라들은 그 자신이 밝혔듯 베토벤과 베버의 영향을 많이 받았습니다. 뷔츠부르크에서 처음 완성한 오페라 〈요정들〉은 바그너가 살아 있는 동안은 단 한 번도 공연이 이뤄지지 못했지만, 두 번째 작품인 〈연애 금지〉는 뷔르츠부르크 이후 옮겨간 마그데부르크 극장에서 직접 지휘해 세상에 공개했습니다. 마그데부르크 시절, 바그너는 3살 연상인 배우 '민나 플라너'를 만났는데, 첫눈에 반했죠.

하지만 마그데부르크 극장이 파산하면서, 바그너는 민나가 배우로 활동하던 쾨니히스베르크로 옮겨갔습니다. 그리고 연애를 마무리하고 두 사람은 결혼했죠. 하지만 그는 그곳에서 일자리를 얻을 수 없었고, 리가 시립극장의 음악 감독 자리를 제안받고 다시 리가로 떠났습니다. 리가에서 오페라 〈리엔치〉를 작곡하기 시작했고 지휘자로서 성과도 좋았지만, 결혼생활은 불행했습니다. 두 사람이 함께 살던 어느 날, 민나는 외간 남자와 야반도주했다가 다시 돌아왔습니다. 함께 떠난 남자가 그녀의 돈을 몽땅 가로챈 후 그녀를 버리고 도망갔기 때문에 남편에게 다시 돌아온 것이었죠. 바그너는 자신을 배반하고 떠났던 아내라도 헤어지지 않고 받아주었고, 이후 30년간 함께 살았습니다.

바그너 부부는 씀씀이가 컸기 때문에, 리가에서 지낸 3년 동안 많은 빚을 지게 되었습니다. 빚쟁이들의 독촉이 심해지자 바그너와 민나는 빚쟁이를 피해 야반도주를 감행해, 영국 런던을 거쳐 프랑스 파리로 이주했습니다. 당시 파리는 전 유럽 문화의 중심지였습니다. 많은 예술가가 파리를 중심으로 활동하고 있었고, 음악가들도 마찬가지였습니다. 바그너는 베를리오즈와 리스트를 이곳에서 처음 만났습니다. 파리는 바그너에게 새로운 기운을 주었습니다. 리가에서 시작했던 오페라 〈리엔치〉도 파리에 도착한 후 완성했고, 영국으로 가던 길에 만난 폭풍우에 영감을 받은 오페라 〈방황하는 네덜란드인〉도 완성했습니다.

하지만 파리에서 지낸 시간은 바그너에게 가난과 시련만 안겨준 기간이었습니다. 자신의 오페라를 파리의 무대에 올리고 싶어 했지만 성사되지 않았고, 간간이 지면에 기고문을 실어 연명해야

만 했습니다. 선배 작곡가였던 마이어베어가 여러 방면으로 그에게 도움을 줬는데, 바그너는 마이어베어가 도움을 주는 척만 할 뿐 실제로는 자신을 방해한다고 여겼습니다. 많은 사람은 바그너가 이 당시 마이어베어*와 알레비**, 이 두 유대인에게서 자신의 실패 원인을 찾으면서, 훗날 그가 반유대주의 노선을 걷게 되었다고 분석합니다. 파리에서 뜻을 이루지 못한 바그너는 자신을 알아주지 않는 프랑스에 분노했고, 다시 고국 독일로 돌아가기로 결심했습니다. 작센 궁정이 바그너의 오페라 〈리엔치〉에 관심을 보였고, 초연을 위해 작센의 수도인 드레스덴으로 향했습니다.

드레스덴의 관객들은 돌아온 바그너와 그의 작품에 열렬한 환호로 보답해주었습니다. 연이어 〈방황하는 네덜란드인〉이 성공하자, 작센 왕실은 바그너에게 궁정 오페라 극장 음악 감독직을 맡겼습니다. 그는 처음 얻은 의미 있는 결과에 용기를 얻었고, 새로운 신작 〈탄호이저〉의 작곡에 착수했습니다. 〈탄호이저〉 또한 드레스덴의 오페라 극장에서 공개되어 성공을 거뒀습니다. 바그너는 30세부터 36세까지 드레스덴 음악 감독으로 일하면서 직접 작곡한 작품뿐 아니라 여러 선배 작곡가의 음악들을 지휘하는 지휘자로도 활동했습니다.

---

* 당시 파리 오페라계의 거장.
** 당시 파리 오페라계에서 활동하던 주요 작곡가 중 한 명.

당시의 독일은, 주 단위로 쪼개져 있는 작은 왕국과 공국들로 이뤄져 있었습니다. 이런 환경에서 하나의 나라로 통일하자는 국가주의 운동이 시작됐습니다. 바그너는 이 국가주의 운동의 열렬한 지지자였고요. 그런데 아이러니하게도, 바그너가 몸담고 있었던 드레스덴의 작센은 국가주의 운동이 타도해야 할 왕국이었습니다. 국가주의 운동 세력이 힘을 받아 왕국에 대한 대항은 계속 커져갔고, 작센 왕은 이런 움직임을 꺾기 위해 국회를 해산하고 국민이 요구했던 법안을 거부했습니다. 화가 난 대중은 5월 혁명을 일으켰지만 정부가 진압해버렸습니다.

　5월 혁명 주동자 명단에 바그너의 이름도 올랐습니다. 그는 수배자가 되어 드레스덴에서 도망쳐야만 했습니다. 스위스로 떠났고 망명 생활을 시작했습니다. 그는 15년간 고국으로 돌아가지 못했고요. 바그너의 대표작인 〈로엔그린〉은 드레스덴에서 완성되었지만, 취리히에 머물고 있던 시기까지 세상에 공개되지 못하고 있었습니다. 결국 그는 친구 리스트에게 첫 공연을 부탁했고 리스트는 기꺼이 요청을 받아주었습니다. 〈로엔그린〉은 완성된 지 2년 만에 바이마르에서 리스트의 지휘로 세상에 소개되었습니다.

　리스트의 도움이 있었지만, 취리히에 머무는 동안 바그너의 음악 활동은 거의 중단된 것이나 다름없었습니다. 그래서 그는 주로 글쓰기에 힘썼습니다. 예술과 음악에 관한 내용들을 주로 다뤘죠. 그의 글은 오페라를 포함한 모든 예술 작품이 나아가야 할 길을 알렸습니다. 바그너는 이 글을 쓰면서, 예술 전체의 큰 방향을 정한다는 목표로, 앞으로 자신이 만들 작품의 방향까지 확실하게 정한 것으로 보입니다. 그리고 이 당시 쓰인 또 다른 그의 글은 유대인 작곡가들을 반대하고, 그들을 겨냥한 반유대주의적 작품이었습니다. 철학자 쇼펜하우어를 접하기도 했는데, '음악은 물질적이지 않은 유일한 예술이기 때문에 예술 가운데 가장 높은 지위를 가지고 있다.'는 쇼펜하우어의 주장에 깊이 공감했습니다.

바그너의 아내 민나는 신혼 시기 남편을 버리고 다른 남자와 바람을 피웠지만, 그에게 돌아온 이후 남편을 위해 헌신하는 아내가 되었습니다. 〈리엔치〉의 성공으로 바그너의 가능성을 보았기 때문에 다시 크게 일어설 것이라 믿으며 묵묵히 그를 뒷바라지하고 있었죠. 비록 남편이 혁명이라는 것에 참여하면서 안정적인 일자리를 내동댕이친 것에 엄청난 불만을 갖고 있기는 했지만요. 문제는 바그너가 아내가 아닌 다른 여자, 그러니까 취리히에서 만난 후원자 베젠동크의 아내를 사랑하게 되면서 생겼습니다. 문제는 두 사람 다 배우자가 있는 유부남과 유부녀여서 절대 이루어질 수 없는 사랑이었습니다. 하지만 아내 민나가 베젠동크 부인에게 보낸 바그너의 편지를 우연히 읽게 되면서, 두 사람의 관계도 끝나게 되었고, 바그너는 취리히를 떠날 수밖에 없었습니다. 그는 취리히를 떠나 베네치아와 루체른을 전전하며 이루어질 수 없는 사랑의 아픔을 승화한 〈트리스탄과 이졸데〉를 완성했습니다. 또 베젠동크 부인의 시에 곡을 붙인 〈베젠동크 가곡집〉도 만들었고요.

바그너는 망명 생활 중에도 다시 파리 사교계에 〈탄호이저〉 공연을 추진하지만 또다시 실패하고 말았습니다. 파리에서 오스트리아로 돌아가 다시 〈니벨룽의 반지〉 작업에 집중하고 있었죠. 당시 오스트리아 사교계에서는 바그너 음악의 인식이 바뀌고 있었습니다. 〈로엔그린〉이 큰 성공을 거둘 정도로 인기가 많아졌거든요. 황후 엘리자베트(씨시)*도 바그너의 팬이었고요. 바그너의 작품들이 인기를 끌기 시작하면서, 작센 왕국에서도 13년 만에 그의 추방령을 해제했습니다. 바그너는 고국 독일로 돌아와 프로이센의 비브리히에 머물며 신작 〈뉘른베르크의 명가수들〉의 작곡에 착수했습니다.

음악계의 바그너 파와 브람스 파로 나뉜 대립은 이 무렵부터 시작되었습니다. 물론 세력을 이룰 정도라면 바그너의 추종자도 많았다는 이야기입니다. 그중 바이에른의 새 국왕 루트비히 2세는 엄청난 바그너 마니아였습니다. 어린 시절부터 바그너의 오페라 팬이었고, 바그너의 오페라 〈로엔그린〉에 빠져 극 중에 등장하는 백조의 성을 실제로 건축할 정도로 바그너를 좋아했습니다.** 그는

---

* 본명은 엘리자베트 폰 비텔스바흐. 오스트리아 황제 프란츠 요제프 1세의 황후. 뮤지컬 〈엘리자벳〉의 주인공으로 유명하다.
** 독일 바이에른주 퓌센에 위치한 노이슈반슈타인 성으로, 디즈니랜드에 있는 〈잠자는 숲 속의 미녀〉 성의 모델이다.

즉위하자마자 바그너를 찾아 뮌헨으로 데려와서 그가 가지고 있던 빚 중 많은 양을 해결해주었습니다. 그뿐 아니라 새 오페라를 상연하는 데도 아낌없는 지원을 해주었고요. 바그너의 새 오페라 〈트리스탄과 이졸데〉는 이런 배경을 가지고 뮌헨 왕립 극장에서 처음으로 공연되었고 큰 성공을 거뒀습니다.

코지마 리스트(1837~1930)

이 무렵 바그너는 새 연인이 생겼습니다. 〈트리스탄과 이졸데〉의 첫 공연 지휘자였던 뷜로의 아내 코지마였죠. 코지마는 바그너의 절친 리스트와 그의 연인이었던 마리 다구 백작부인 사이에서 태어난 사생아였고, 바그너보다 24 살이나 어렸습니다. 리스트는 바그너와 절친한 사이를 유지하고 있었으나, 딸과 친구의 사이가 남녀 관계로 바뀐 이후 두 사람을 반대했습니다. 하지만 코지마와 바그너에게서 사생아가 태어났습니다. 바그너의 저택에 뷜로와 코지마, 바그너 세 사람이 같이 살고 있었기 때문에 겉으로 보기에는 새로 태어난 딸이 뷜로의 자식인지, 바그너의 자식인지 알 수 없었습니다. 하지만 코지마는 새로 태어난 아기에게, 바그너의 작품 〈트리스탄과 이졸데〉의 여주인공 이름 이름을 따와 '이졸데'라는 이름을 지어줬습니다. 누가 봐도 바그너의 아이라는 것을 짐작할 수 있게 말이죠. 쉬쉬해도 모자랄

판에 대놓고 둘의 관계를 드러내는 행동들은 바이에른 궁정에 스캔들을 만들었습니다. 그 결과 두 사람의 불륜은 바그너의 후원자였던 루트비히 2세까지 난처하게 만들었습니다. 결국 바그너는 뮌헨에서 쫓겨나 여기저기를 떠돌다가 스위스 루체른 호수 근처의 트립셴에 정착했습니다.

불명예스러운 일로 쫓겨온 것이었지만, 루체른의 풍광을 즐길 수 있었던 바그너에게는 새로운 작품을 만드는 데 좋은 영향이 되었습니다. 그는 5년간 트립셴에 머물면서 〈니벨룽의 반지〉에서 완성하지 못한 곡들인 '지크프리트'와 '신들의 황혼'을 완성하는 데 집중했고, 코지마와의 사이에서 태어난 아이들을 키우며 안정된 가정을 꾸렸습니다. 그리고 트립셴에 머무는 동안, 바그너와 코지마 두 사람은 정식으로 결혼식을 올렸습니다. 바그너의 아내 민나는 바그너가 뮌헨에서 추방당해 정착할 곳을 찾던 때 사망했고, 코지마는 뷜로를 설득해 이혼했으므로 정식 결혼이 가능했거든요. 결혼식 당시 바그너의 나이가 57세, 코지마의 나이가 33세였고 두 사람 사이에는 첫째 딸뿐 아니라 둘째 딸 에바와 외아들 지크프리트까지 태어난 상태였습니다. 막내이자 유일한 아들이 태어났을 때, 바그너의 나이는 56세였습니다. 그는 아들의 탄생을 기뻐하며 〈지크프리트의 목가〉라는 제목의 관현악곡을 작곡해 코지마에게 바쳤습니다.

트립셴에 머물면서, 바그너는 철학자 니체와 처음 만났습니다.

그들은 31살이라는 나이 터울을 뛰어넘어 우정을 나눴습니다. 바그너는 젊었던 니체의 사상에 많은 영향을 줬고, 니체의 첫 번째 책은 바그너에게 헌정될 정도로 그들의 사이는 이상적인 친구 그 자체였죠. 하지만 시간이 지날수록 둘은 멀어지게 되었습니다. 니체가 바그너의 반유대주의와 같은 사상에 실망하였고, 두 사람은 격렬한 논쟁 끝에 관계를 단절했습니다.

바그너는 이전부터 자신의 오페라를 올릴 전용 극장을 갖고 싶어 했습니다. 그는 자신이 목표한 오페라 극장의 꿈을 이루기 위해 독일 바이에른의 남동부에 위치한 바이로이트로 이주했습니다. 공사 대금을 마련하기 위해 독일 각지의 도시에 바그너 협회를 설립했고, 바그너 자신도 대금 마련을 위해 독일 전역으로 연주 투어를 진행했습니다. 하지만 공사 대금은 예상처럼 그리 쉽게 모이지 않았습니다. 결국 바그너의 열혈 신봉자였던 루트비히 2세가 남은 대금을 지불하고 나서야 공사가 시작될 수 있었습니다.

〈니벨룽의 반지〉 첫 공연에서의 '브룬힐데 발키리' 배우의 모습

　1876년 8월, 바이로이트의 축제 극장은 바그너의 대작 〈니벨룽의 반지〉 초연과 함께 개장했고, 이때부터 지금까지 바이로이트 축제의 장으로 남았습니다. 이때 처음 공연된 〈니벨룽의 반지〉는 35세의 바그너가 스위스 망명 중 대본 작업을 시작하고, 40세부터 작곡을 시작해 61세까지 곡 단위로 만들어온 작품이었습니다. 완성까지 약 26년이 걸렸고, 완성 후 2년이 지나서 첫 공연을 올렸으니 그때 바그너의 나이는 63세였죠. 작업 기간만 20년이 넘다 보니, 첫 공연 이전에는 단 한 번도 작품 전체가 공개된 적이 없었습니다. 〈니벨룽의 반지〉는 전체 연주에 15시간이나 걸리는데다가 4부로 나누어 나흘간 연주하는 어마어마한 규모의 작품

이었습니다. 바이로이트는 이 〈반지〉 사이클을 세상에 공개하며 오페라 축제를 시작했습니다. 여름마다 바이로이트에서는 바그너의 오페라 작품들을 중심으로 한 달간 음악 축제를 열었고 이 축제는 오늘까지 이어지고 있습니다.

목표하던 대로 오페라 극장과 오페라 축제에 대한 과업을 마무리한 후, 바그너는 다음 해에 그의 마지막 오페라 〈파르지팔〉의 작업에 착수했습니다. 바그너가 64세가 되던 해였습니다. 이 작품은 4년 만에 완성되었고 바이로이트 바그너 축제에서 세상에 공개되었습니다.

바이로이트 반프리트 저택에서의 바그너(베크만 그림, 1882년).
왼쪽부터 코지마, 바그너, 리스트, 볼조겐. 벽에는 쇼펜하우어의 초상.

하지만 바이로이트 축제 이후부터 바그너의 건강은 급속도로 악화되었습니다. 협심증 때문에 무척 괴로워하고 있는 상황이었죠. 그래서 그는 축제가 마무리되자 가족들과 함께 베네치아로 요양을 겸한 여행을 떠났습니다. 따뜻한 이탈리아의 날씨가 건강을 회복하는 데 도움이 되기를 바라면서 말이죠. 바그너 가족은 운하가 붙어 있는 저택을 빌려서 몇 달 동안 머물렀습니다. 하지만 이것이 바그너의 마지막이었습니다. 그는 여행에서 다시 바이로이트의 저택 반프리트로 돌아갈 수 없었습니다. 바그너는 69세의 나이에 심장마비로 사망했습니다. 유해는 곤돌라와 기차를 통해 바이로이트로 옮겨졌고, 반프리트 저택의 정원에 묻혔습니다.

대표 음악

· 오페라 〈방황하는 네덜란드인〉(Der Fliegende Hollander)
· 오페라 〈탄호이저〉(Tannhauser)
· 오페라 〈로엔그린〉(Lohengrin)
· 오페라 〈트리스탄과 이졸데〉(Tristan und Isolde)
· 오페라 〈뉘른베르크의 명가수〉(Die Meistersinger von Nurnberg)
· 오페라 〈니벨룽의 반지〉(Ring of the Nibelungs)
· 오페라 〈파르지팔〉(Parsifal)

· 교향시 〈지크프리트의 목가〉(Siegfried Idyll)

추천 음악

 크리스티안 틸레만(지휘), 작센 국립 오페라 합창단, 드레스덴 슈타츠카펠레 - 바그너 : 오페라 〈로엔그린〉 3막 中 혼례 합창

차이콥스키 ♫

: 톨스토이와 함께 러시아를 대표하는 인물

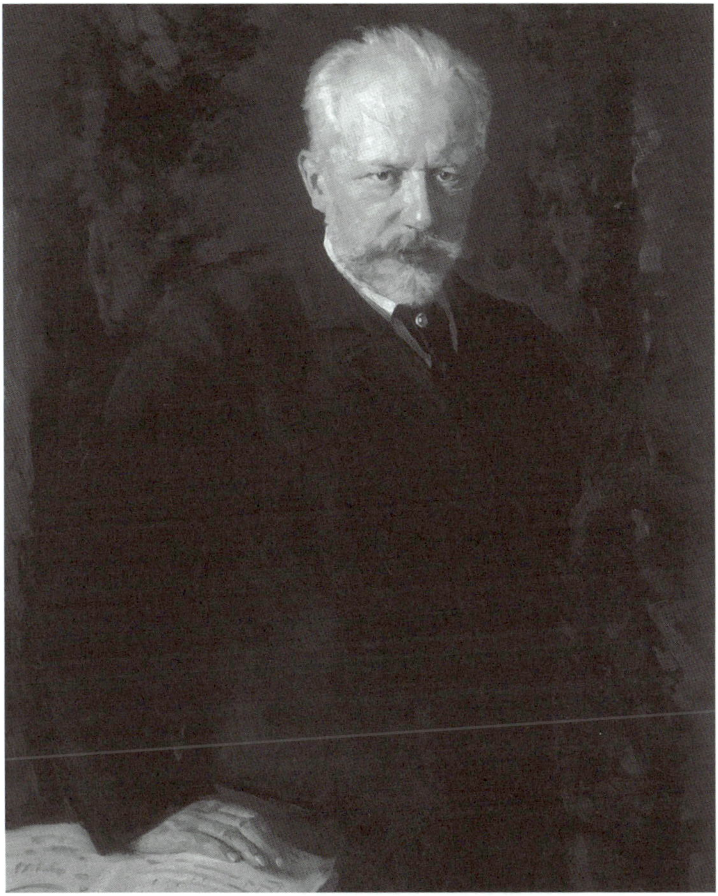

표트르 차이콥스키(Pyotr Ilyich Tchaikovsky, 1840~1893)

차이콥스키는 1840년 러시아 우랄 지방의 외딴 시골 광산인 캄스코보스킨스크에서 태어났습니다. 아버지는 광산 감독관이었고, 어머니는 프랑스 혈통의 교양 있는 부인이었다고 합니다. 형제들은 5남 2녀였는데, 차이콥스키는 둘째 아들이었죠. 그의 어머니는 몸이 약했는데, 차이콥스키도 어머니의 체질을 이어받았는지, 어린 시절 무척 허약했다고 합니다. 하지만 아버지가 정부의 관료인 광산 감독관으로 일하고 있었기 때문에, 차이콥스키의 어린 시절은 부족함이 없는 유복한 시기였습니다. 특히 기계 악기 오케스티리온*은 차이콥스키 저택 한 곳에 놓여 있었는데, 이 기계를 통해 가족들은 오페라 곡을 즐겨 들었습니다.

---

* 구멍이 뚫린 롤이나 종이 카드에 기록된 악보를 따라 공기 압력을 조절해 소리를 내는 자동 연주 악기. 다양한 악기의 소리를 흉내 낸다.

차이콥스키의 가족 사진(1848년). 맨 왼쪽에 있는 아이가 차이콥스키다.

차이콥스키의 부모는, 다른 귀족 가문처럼 자녀 교육을 위해 프랑스 가정교사를 들였습니다. 아이들은 가정교사로부터 프랑스어와 독일어, 문학과 역사 음악 등을 배웠습니다. 이때 차이콥스키 남매를 가르친 가정교사의 기록에 따르면, 차이콥스키는 허약한 신체 때문이었는지 무척 예민했다고 합니다. 차이콥스키는 5세부터 오케스트리온으로 들은 음악을 그대로 피아노로 연주할 수 있었고, 창문을 피아노처럼 두드리고 놀다가 유리가 깨지기도 하는 등 음악적 재능을 어릴 때부터 보였습니다.

하지만 아버지가 광산 감독직을 그만두고 이직하게 되면서, 차이콥스키 가족들은 모스크바로 이사를 가게 됩니다. 겨우 만 8세였던 소년은 정들었던 가정교사와의 이별에 큰 충격을 받았고, 환경 변화로 불안 증세를 보였습니다. 말수가 없어졌고, 우울증 증상이 생겼죠. 계획대로 아버지가 모스크바에서 바로 일자리를 찾을 수 있었으면 좋았겠지만, 모스크바 정착은 실패했습니다. 그래서 다시 상트페테르부르크로 두 번째 이사를 하게 되었습니다. 하지만 아버지의 구직 활동은 또다시 실패했고, 철강 공장 관리자 자리를 얻게 되어 우랄 지방의 알파예프스크로 세 번째 이사를 가게 됩니다. 하지만 차이콥스키는 학교에 다녀야 했기 때문에 가족들과 떨어져서 혼자 지내야 했습니다. 그는 어머니와 떨어져 지내게 되면서 역시 큰 충격을 받았고 외로움에 시달려야 했습니다.

차이콥스키의 아버지는 아들이 법률가가 되어 안정적인 생활을 하기를 바랐습니다. 그래서 만 10세의 차이콥스키는 아버지의 뜻에 따라 상트페테르부르크의 제국 법률 학교에 입학했습니다. 기숙사에서 생활해야 했기 때문에, 가족들과 떨어져서 혼자 지내야 했죠. 엄격한 기숙학교에 들어가게 된 것은 예민한 소년에게 치명적인 일이었습니다. 내성적이고 조용한 차이콥스키는 소수의 몇몇과 친밀하게 지내며 좁은 교우관계를 유지했다고 합니다.

법률 학교에 재학 중이던 어느 날, 차이콥스키의 어머니가 콜레라에 감염되어 41세의 나이로 갑작스럽게 사망했습니다. 어머니가 사망한 지 2년 뒤에서야 옛 가정교사에게 어머니의 죽음을 알린 것을 보면, 소년은 어머니가 세상에 없다는 것을 받아들이기 힘들었던 것 같습니다. 그는 극심한 신경쇠약에 시달렸고, 의사는 그에게 아무것도 하지 말고 휴식을 취하라고 권고했습니다. 이런 차이콥스키에게 피아노는 어머니의 죽음이라는 현실에서 도피할 수단이었습니다. 피아노 연주만으로 만족하지 못해 직접 곡을 쓰기도 했습니다.

그래도 차이콥스키는 19세가 되어 법률 학교를 무사히 졸업했고, 졸업 직후 법무성의 서기가 되었습니다. 하지만 시간이 지나면 지날수록 그는 음악을 하지 못해 괴로워하기 시작했고, 그 괴로움은 훗날 그의 음악성에 깊이를 더하게 됩니다. 업무는 지루하기만 했고, 업무에서 받는 스트레스를 오페라 관람이나 연극 관람으로 해소하며 지냈습니다.

당시 유명했던 작곡가이자 피아니스트였던 안톤 루빈시테인은 상트페테르부르크 음악원의 설립자이자 초대 원장이었는데, 러시아 음악협회에서 수업을 열었습니다. 차이콥스키는 법무성에서 일을 하고 있었지만, 이 수업에 참석했고요. 차이콥스키를 만나본 루빈시테인은 그의 재능을 알아보고 전문 음악인이 되기를 설득했습니다. 결국 다음 해 차이콥스키는 안정된 관리 생활을 포기하고 상트페테르부르크 음악원에 입학하여 음악가로서 첫걸음을 뗐습니다. 그의 나이가 22세 되던 해였으니, 다른 음악가들이 전문 음악 교육을 받은 나이에 비해 많이 늦은 편이었습니다. 그는

3년간 음악원에서 배웠으며, 성적은 훌륭했습니다. 심지어 음악원 졸업 전, 음악원장인 안톤 루빈시테인의 동생인 니콜라이로부터 새로 설립되는 모스크바 음악원의 교수 자리를 제안받았습니다. 이 제안 또한 안톤의 적극적인 추천 덕분이었죠. 음악원을 졸업한 26세의 차이콥스키는 모스크바 음악원의 음악 이론 교수로 일하게 되었습니다. 그는 이후 12년간 모스크바 음악원 교수로 일하며 안정된 벌이로 동생들에게 생활비를 보내줄 수 있게 되었고, 본격적인 작곡가로서의 경력을 쌓아갈 수 있게 됐습니다.

처음에는 차이콥스키와 루빈시테인 형제와의 친분이 무척 두터웠습니다. 하지만 훗날 러시아 국민악파라 불리는 '러시아 5인조*'와 차이콥스키의 사이가 가까워지자 차이콥스키와 루빈시테인 형제의 관계는 틀어지고 맙니다. 루빈시테인 형제는 서유럽 음악만이 진정한 음악이라며 '러시아 5인조'의 음악적 수준이 낮다고 평가절하했기 때문이었죠. 어쨌건 모스크바에서의 시작은 평탄했습니다. 〈로미오와 줄리엣〉의 서곡, 〈교향곡 1번〉도 이때 작곡된 작품입니다.

차이콥스키는 〈피아노 협주곡 1번〉을 완성했습니다. 자신의 재능을 인정해주고 교수직까지 제안해 준 니콜라이 루빈시테인에게

---

* 니콜라이 림스키-코르사코프, 모데스트 무소륵스키, 알렉산드르 보로딘, 세자르 큐이, 밀리 발라키레프, 이 다섯 명으로 이루어진 러시아의 국민악파 작곡가 그룹을 뜻한다.

헌정하고 첫 연주를 부탁하려 했는데, 악보를 검토한 니콜라이는 '연주가 불가능한 곡'이라며 혹평했습니다. 그래서 차이콥스키는 독일의 지휘자이자 피아니스트였던 한스 폰 뷜로*에게 이 곡을 헌정했습니다. 뷜로는 미국에서 이 곡을 연주해 대성공을 거두었으며, 이 성공 후 루빈시테인은 자신이 '이 곡에 대해 잘못 생각했다.'면서 차이콥스키에게 용서를 구하고 사과했습니다.

차이콥스키 부부의
신혼여행 때 모습(1877년)

차이콥스키는 모스크바 음악원 교수직을 계속 유지하면서, 음악원 휴가 기간에는 여행을 떠나 새로운 사람들을 만나기도 했습니다. 파리, 니지, 키에프, 베를린, 드레스덴, 쾰른, 취리히, 제네바, 밀라노 등으로 여행을 떠났으며 프랑스의 작곡가 생상스와의 교류도 이 무렵부터 시작했습니다.

37세의 차이콥스키는 자기보다 10살이나 어린 여성인 밀류코바의 러브레터를 받게 되었습니다. 그녀는 자기가 모스크바 음악원에서 그의 가르침을 받았다고 주장했는데, 오래전부터 사랑해 왔다며 자기와 결혼해주지 않으면 자살하겠다고 협박까지 했습니다. 그 협박

---

* 프란츠 리스트의 딸 코지마의 첫 번째 남편.

을 모른 척할 수 없었던 차이콥스키는 밀류코바와 결혼했습니다. 하지만 사랑 없이 한 결혼이 행복할 리가 없었고, 그는 결혼 일주일 만에 그녀에게 오만 정이 떨어졌습니다. 그래서 어떻게든 그녀를 보지 않으려고 애썼습니다. 차이콥스키가 밀류코바로부터 멀어지려 노력하면 할수록 남편에 대한 그녀의 집착도 점점 심해졌습니다. 당연히 두 사람 사이에서 아이는 태어나지 않았고, 평생 따로 살았습니다.

아내의 집착으로 인해 정신이 피폐해져갔던 차이콥스키는 술과 창작으로 위안을 삼았습니다. 그런 그에게 힘이 되어준 것이 하나 더 있었는데, 그를 후원해주던 폰 메크 부인과의 편지였죠. 그녀는 철도 사업을 크게 하고 있었던 남편과 사별하고 유산을 물려받아 부유했습니다. 가족들을 위해 전속 연주가도 고용할 정도로 말이죠. 집안 연주자 중 바이올린 연주자는 차이콥스키의 제자였고, 루빈시테인과도 친분을 가지고 있어서 그들을 통해 차이콥스키에 대해서 잘 알고 있었습니다. 당시 차이콥스키는 또다시 신경쇠약 증상을 보이고 있었고, 작곡과 음악원 수업에도 지장을 받을 정도였습니다. 모스크바 음악원을 그만둘 수밖에 없었죠. 이에 메크 부인은 큰 금액의 후원금을 보내주며 편지를 보냈습니다. 부인도 차이콥스키 음악의 열렬한 팬이었거든요. 부인의 후원과 따뜻한 편지 덕분에, 차이콥스키는 다시 안정적으로 작품 활동에 몰입할 수 있게 되었습니다. 두 사람은 14년간 1,200통이 넘는 편지를 주고받으며 우정을 쌓았습니다. 펜팔 친구였고, 후원자와 후원을 받는 예술가 사이였습니다. 메크 부인은 차이콥스키 예술의 훌륭한 이해자였습니다. 둘은 일상적인 대화부터 차이콥스키의 작품 해석에까지 여러 주제로 서신을 교환하며 지냈습니다. 두 사람은 단 한 번도 정식으로 만난 적이 없었고, 서로를 방문하려 노력하지도 않았습니다. 메크 부인은 차이콥스키의 음악을 진심으로 사랑했으며, 차이콥스키는 메크 부인의 따뜻한 배려에 감사했습니다.

경제적 윤택함과 심리적 안정감이 찾아오며 이 무렵부터 작품적 변화도 생겨났습니다. 발레 〈백조의 호수〉, 오페라 〈에프게니 오네긴〉, 〈바이올린 협주곡 D장조〉 등의 걸작이 차이콥스키의 손에서 탄생했습니다. 그는 새로운 영감을 받기 위해 스위스나 이탈리아 등 국외로 여행도 자주 하게 됐고요. 45세가 되던 해에는 모스크바 근교에 집을 샀고, 지금은 차이콥스키 박물관이 된 클린 근처 단독주택으로 이사 가기 전까지, 이 집에서 7년간 안정적이고 행복하게 살았습니다.

3년 뒤, 차이콥스키는 자신의 작품을 직접 지휘하기 위해 유럽 각지로 연주 여행을 떠났습니다. 이 연주 여행은 라이프치히에 이어 베를린, 함부르크, 프라하, 파리, 런던으로 이어졌고, 1년이나 걸렸습니다. 그는 이 여행에서 브람스와 그리그를 만났고, 서로의 음악에 대해 대화도 나누며 교류했습니다.

48세가 되던 해, 차이콥스키는 러시아 황제로부터 연금도 받게 되었습니다. 차이콥스키의 재능과 음악이 러시아의 명성을 높인다고 평가된 것입니다. 그에게는 이미 메크 부인의 후원금이 있었지만 황제의 후원금으로 금전적 여유가 조금 더 생겼고, 작곡에 더욱 집중할 수 있는 환경이 만들어졌습니다.

2년 뒤, 메크 부인으로부터 편지 한 통이 도착했습니다. 편지는 갑자기 파산 위기라며 관계를 끊자고 하는 내용이었습니다. 일방적인 결별 통보에 큰 충격을 받은 차이콥스키는 죽기 직전 마지막 병상에서 정신 착란을 일으켰을 때, 그녀의 이름을 격분한 목소리로 반복해서 불렀다고 합니다. 그 정도로 메크 부인의 결별에 배신감을 느꼈던 거죠. 메크 부인의 지원 중단에도 차이콥스키는 경제적으로 큰 어려움을 겪지는 않았습니다. 황제가 제공하는 연금을 받고 있었고, 그동안 성공한 작품들의 인세가 늘어나고 있었기 때문에 갑자기 가난해지거나, 경제 상황이 나빠지거나 하지는 않았습니다. 오히려 성공에 성공을 거듭했죠. 메크 부인과 결별한 다음 해에는 미국 동부 해안 도시들을 방문해 연주회를 가졌으며, 공연마다 성공을 거뒀습니다.

발표하는 새로운 작품들도 계속해서 성공을 거뒀습니다. 푸시킨의 단편소설을 각색한 오페라 〈스페이드의 여왕〉, 발레곡 〈잠자는 숲속의 미녀〉도 성공했습니다. 〈잠자는 숲속의 미녀〉는 발표 직후 반응이 좋지 않았지만, 그해 말에는 인기를 누리기 시작합니다. 말년에는 모스크바 음악원에 복직해서 작곡과 화성법을 가르쳤고, 방학 기간에는 해외로 떠나 교향곡 연주회나 오페라 공연

등을 보러 다니며 여유 있는 시간을 가졌습니다. 영국의 케임브리지 대학에서 명예 음악 박사 학위를 받기도 했고요.

그럼에도 불구하고 차이콥스키의 우울증과 신경쇠약 증세는 날이 갈수록 심해졌습니다. 이런 상황에서 차이콥스키의 신작 〈교향곡 6번 '비창'〉이 페테르부르크에서 첫 공연을 가졌습니다. 이 곡은 차이콥스키의 쌍둥이 동생 중 하나인 모데스트가 첫 공연 후 '비창'이라는 부제를 달자고 할 정도로 무겁고 어두운 곡이었습니다. 첫 연주회가 끝난 후 관객들은 야유를 보내지도, 호응을 하지도 않으며 무관심과 무반응으로 일관했습니다. 승승장구하던 차이콥스키의 활동에 제약이 걸렸습니다.

비창 교향곡이 발표된 지 한 달 뒤, 차이콥스키는 53세의 나이로 급사했습니다. 〈비창〉이 발표되기 전후에 차이콥스키와 가까운 이들의 비보가 날아들기도 했었고, 장례곡 같은 분위기의 이 여섯 번째 교향곡이 그의 죽음을 암시한 것이 아니냐며 자살 소문이 돌기도 했습니다. 러시아 당국은 물을 끓이지 않고 마셔서 콜레라로 사망했다고 발표했습니다. 사후 80여 년이 지난 1979년 소련의 문화성에서 부검한 결과 비소 중독이라는 결론이 나왔는데, 이 때문에 차이콥스키가 비소를 마시고 자살했다는 논란은 지금까지도 계속되고 있습니다.

황제는 차이콥스키의 장례비를 직접 지불하겠다고 선언하며 황실 극장의 이사회에 장례식을 준비하라는 지시를 내렸습니다. 장레식이 거행되는 상트페테르부르크의 카잔 성당에는 애도를 표하는 조문객 6,000여 명이 참석했고, 성당 앞 광장에는 6만 명이 넘는 인파가 몰려들었습니다. 장례식이 끝나고, 그의 시신은 러시아의 유명 인사들이 매장되어 있는 알렉산더 네프스키 수도원 묘지에 안장되었습니다.

대표 음악

· 교향곡 6번 B단조 〈비창〉 Op.74(Symphony No.6 in B Minor 'Pathetique')

· 피아노 협주곡 1번 B♭단조 Op.23(Piano Concerto No.1 in B flat Minor)

· 발레 〈백조의 호수〉 Op.20(Swan Lake)

· 발레 〈호두까기인형〉 Op.71(Nutcracker)

· 슬라브 행진곡 B♭단조 Op.31(Slavonic March in B flat Minor)

· 1812년 서곡 E♭장조 Op.49(1812 Overture in E flat Major)

추천 음악

 파리 국립 오페라 오케스트라, 파리 국립 오페라 발레단 - 차이콥스키 : 발레 〈백조의 호수〉 中 2막 10번째 곡 모데라토

드보르작

: 슬라브 민족의 색채를 찾아서

안토닌 드보르작(Antonín Leopold Dvořák, 1841~1904)

　드보르작은 1841년 보헤미아 왕국* 프라하 근교의 작은 마을인 넬라호제베스에서 태어났습니다. 아버지는 여관과 푸줏간을 운영했고, 어머니는 영주 가문의 넬라호제베스 성에서 일했습니다. 부부는 14남매를 두었는데 드보르작은 그중 첫째였지요.

　드보르작의 아버지는 여유가 있을 때면 현악기의 일종인 치터를 연주하고는 했는데, 그런 아버지를 보며 자란 소년은 6세 때부터 바이올린을 연주하기 시작했습니다. 그리고 마을의 초등학교 격인 교육 기관에 입학해 다니기 시작했습니다. 읽기, 쓰기, 산수와 더불어 음악에 관련된 아주 기초적인 것들을 배울 수 있었죠. 학교 선생님은 그에게 피아노 연주법을 가르쳐주었고, 바이올

---

* 현재 체코의 서쪽 지역(보헤미아)을 중심으로 한 지역으로, 당시에는 광대한 오스트리아 제국의 일부였다.

린 연주 또한 정식으로 배울 수 있었습니다. 주일 저녁 미사가 동네 교회에서 끝나면 축제처럼 마을 사람들끼리 모여 즐기고는 했는데, 어린 드보르작은 이런 자리에서 악기를 곧잘 연주했습니다. 시간이 지나 드보르작이 12세가 되자, 부모는 마을 학교에서의 교육이 부족하다고 판단하고 큰 마을 즈로니체에 살고 있는 소년의 외삼촌에게 보냈습니다. 그곳의 학교는 이전에 다니던 학교보다 나은 곳으로, 독일어도 가르쳤으며, 음악 교육 환경도 좋았습니다. 즈로니체 보통학교의 음악 교사는 오르간, 바이올린, 클라리넷, 호른 등을 연주할 줄 알았고, 직접 작곡도 했습니다. 좋은 선생을 만난 드보르작은 본격적으로 음악을 공부하게 됩니다. 보통학교를 졸업한 후, 드보르작은 장래를 고민했습니다. 그의 재능을 알아봤던 외삼촌과 음악 선생은 그의 아버지를 설득했습니다. 결국 드보르작의 부모는 외삼촌이 조카의 음악 교육을 지원한다는 조건하에 프라하 오르간 학교에 진학하는 것을 허락했습니다.

이렇게 16세의 드보르작은 프라하로 향했습니다. 오스트리아 제국의 수도인 빈에 비하면 중소 도시에 불과했지만, 당시 프라하는 보헤미아의 수도였기 때문에 그가 이전에 거쳐 왔던 마을에 비하면 아주 큰 도시였습니다. 프라하에는 음악 학교가 둘 있었습니다. 프라하 음악원과 프라하 오르간 학교였죠. 드보르작이 다녔던 오르간 학교는 교회 음악, 특히 교회 오르가니스트를 양성하기 위해 설립된 학교로 오르간 연주는 기본이고, 화성법과 대위

법, 푸가 등에 관해서 배울 수 있었습니다. 또한 바흐와 헨델로 대표되는 바로크 음악부터 모차르트, 베토벤, 슈베르트에 이르기까지 여러 음악을 접할 수 있는 계기가 되었습니다. 외삼촌이 학비를 지원해주기는 했지만 그렇다고 해서 경제적으로 넉넉한 형편은 아니었기 때문에, 드보르작은 오케스트라에서 비올라 연주자로 일했습니다. 한 푼이라도 벌어 생활에 보태려고 입단한 것이었지만, 결과적으로 여러 음악가와 친분을 쌓을 수 있는 계기가 되기도 했습니다.

이 시기 만난 친구들은 드보르작에게 많은 도움이 되었습니다. 훗날 콘서트 프로모션을 담당하게 될 친구, 악보로 쓸 종이 살 돈도 없는 그에게 악보부터 피아노까지 아낌없이 빌려준 친구, 가난한 처지에 꿈도 꾸기 힘들 정도로 비싼 연주회의 티켓을 구해주는 친구, 공연 리허설을 몰래 볼 수 있도록 도와주는 친구…. 그 덕분에 리스트의 프라하 공연과 리스트의 첫 번째 사위 뷜로, 슈만의 부인이었던 클라라 슈만의 연주회를 관람할 수 있었습니다. 하지만 그 시절 드보르작에게 가장 큰 인상을 남긴 연주회는 프라하 음악원 개원 50주년 기념 연주회였습니다. 리허설을 몰래 숨어 지켜보았는데, 베토벤 교향곡 9번 〈합창〉을 듣고 전율을 느꼈다고 합니다.

18세의 드보르작은 2년 만에 오르간 학교를 2등이라는 우수한 성적으로 졸업했습니다. 그를 가르친 교수들은 드보르작 정도 되는 학생이 교회 오르간 연주자로 취직하는 것은 그리 어렵지 않을 것이라 예상했지만, 현실은 그렇지 않았습니다. 지원서를 내는 족족 낙방했고 드보르작은 프라하에 있는 호텔과 레스토랑 등에서 연주하는 악단의 비올라 연주자로 들어갔습니다. 하지만 경제적으로 어려운 생활은 계속되었습니다. 어려운 생활 중에도 그는 작곡 공부를 놓지 않았습니다.

드보르작이 21세가 되던 해, 프라하에서 체코 사람들을 위한 국립극장 프로젝트가 시작되었습니다. 당시 체코는 오스트리아-헝가리 제국의 지배 아래 있었고, 체코 민족의식을 북돋우기 위해 체코어로 된 공연을 극장에 올리자는 시민 운동의 연장선이었죠. 극장 건설을 위해 극장 전속 오케스트라가 꾸려졌습니다. 드보르작은 이 극장 전속 오케스트라의 비올라 연주자가 되었습니다. 그 이후 10년 가까이 활동했죠. 하지만 드보르작의 경제 사정은 여전히 힘들었으며, 악기 연주 수업을 부업으로 삼아야만 했습니다.

드보르작이 국립극장 오케스트라 비올라 연주자로 일하게 된 지 4년째가 되던 해, 당시 체코의 대표 작곡가인 스메타나가 오케스트라의 지휘자로 부임해왔습니다. 스메타나는 체코 국민악파[*]

---

[*] 19세기 유럽에서 각 민족의 고유한 음악(민요, 전설, 역사 등)을 클래식 음악에 접목하여 민족적 정체성을 표현하려 했던 음악 사조.

의 창시자로, 훗날 드보르작이 작곡가의 길을 걷게 되는 데 큰 영
향을 끼친 인물이었습니다. 스메타나는 체코의 역사, 전설, 풍경
같은 것들을 음악으로 표현하는 작곡가였는데, 이런 선배의 음악
을 오케스트라에서 연주하게 되면서 드보르작 또한 체코 민족을
위한 음악을 만들어 보겠다는 의욕을 가지게 되었죠. 그는 오케
스트라 비올라 연주자로 일하며 오페라 〈알프레드〉와 〈교향곡 1
번〉, 〈교향곡 2번〉을 완성했지만, 그는 이 사실을 대중에게 알리
지 않았습니다. 계속 음악을 작곡하며 자신만의 음악을 만들기
위해 끊임없이 노력했습니다.

30세가 되자 드보르작은 국립 극장 오케스트라를 그만뒀습니
다. 오케스트라에서 일을 하면서, 그리고 매일 밤 다른 오페라 작품
을 연주하면서 다양한 음악을 접하고 연구할 기회를 얻고 작곡 실
력을 갈고닦을 수 있었습니다. 하지만 그의 진짜 꿈은 작곡가가 되
는 것이었죠. 오케스트라를 그만둔 드보르작은 교회의 오르간 연
주자 자리를 구해 이전보다 많은 시간을 작곡에 몰두하게 됩니다.

오케스트라를 그만두고 1년 뒤, 그는 애국적 칸타타 〈찬가〉를
세상에 내놓았는데, 이 곡은 체코의 시인 할레크의 시에 곡을 붙
인 것이었습니다. 이 곡이 크게 성공하면서 드보르작의 작곡가 길
에 청신호가 켜졌습니다. 그리고 결혼도 했습니다. 상대는 드보르
작이 오케스트라 비올라 연주자로 일하던 시절, 개인 교습으로 가
르쳤던 체르마코바 자매 중 동생이었습니다. 결혼 후 드보르작은

안정을 찾았고, 1년 뒤에는 아들도 태어났습니다.

행복한 결혼생활이 이어지면서, 드보르작의 음악 활동도 탄력을 받기 시작했습니다. 여전히 큰돈을 벌지는 못했지만, 그의 음악을 알아주는 사람들이 늘어나고 있었습니다. 선배 작곡가이자 과거의 상사였던 스메타나도 그의 음악을 인정해주는 사람 중 하나였죠. 〈교향곡 3번〉을 사람들에게 소개해줬으며, 작업 중이던 오페라의 공연도 추진해주었습니다. 하지만 드보르작에게는 오스트리아 국립 장학금을 받게 된 것이 가장 큰 도움이었습니다.

오스트리아 정부는 젊고 재능 있는 예술가가 가난 때문에 예술을 포기하는 것을 막기 위해 '궁정 작곡가 장학금'이라는 제도를 운영했는데, 그 프로그램에 드보르작은 자신의 작품을 제출했거든요. 그는 〈교향곡 3번〉과 〈교향곡 4번〉을 포함한 15곡의 악보를 첨부하여 장학 프로그램에 지원했습니다. 그의 악보를 받아 든 심사위원들*은 입을 모아 그의 작품을 칭찬하며 장학생으로 선발해주었습니다. 이후 5년간 장학금을 지원받게 되면서 경제적으로 안정적인 생활을 이어갈 수 있었고, 덕분에 부업으로 연주자 일을 하지 않아도 되어 작곡에 몰두할 시간을 더 많이 낼 수 있게 되었죠. 장학 프로그램 심사위원이었던 브람스와의 교류도 이어졌습니

---

* 작곡가인 브람스, 빈 궁정 오페라 감독인 헤르베르크, 프라하 출신 음악 평론가인 한슬리크 등이 포함되어 있었다.

다. 브람스는 드보르작의 독자적인 슬라브 양식을 높이 평가했고, 자신의 출판사와 드보르작을 연결해주었습니다. 안정적인 수입을 바탕으로, 드보르작은 여러 곡을 작곡해냅니다. 현악을 위한 실내악곡들, 피아노 소품들, 〈모라비아 이중창집〉, 〈교향곡 5번〉까지, 실내악에서 교향곡에 이르는 여러 곡을 완성해냈습니다. 하지만 그에게 행복만 가득했던 것은 아니었습니다. 드보르작 부부에게서는 9명의 아이가 태어났는데, 그중 세 명이 병과 사고로 어린 나이에 세상을 떠났거든요. 드보르작은 자식을 앞세운 부모의 비탄한 마음을 담아 종교 음악 〈슬픔의 성모〉를 작곡했습니다. 이곡은 드보르작이 작곡한 최초의 종교 음악곡이 되었습니다.

드보르작은 브람스에게서 그의 파트너였던 출판사를 소개받았습니다. 이때 연결된 출판사는 〈슬라브 무곡〉을 의뢰했고, 그는 이 〈슬라브 무곡〉 출판을 계기로 전 유럽에 이름을 알리게 됐습니다. 브람스의 도움은 드보르작의 창작 의욕을 고취시키는 데 한몫했습니다. 한 곡을 다 완성하기 전에 또 다른 곡의 작곡에 착수했고, 드보르작이 여러 작품을 완성하고 출판하는 데 큰 역할을 했습니다. 〈슬라브 무곡〉에 이어 수많은 곡이 이렇게 탄생했습니다.

명성이 커지면서, 드보르작을 찾는 곳도 많아졌습니다. 각국에서 연주 요청이 밀려들었고, 프라하의 여러 음악 단체는 명예 회원으로 그를 추대했으며 명예직도 맡겼습니다. 베를린에서 브람스의 친구이자 당대 최고의 바이올리니스트 요하임과 만났을 때는, 요아힘이 바이올린 협주곡을 의뢰했습니다. 그렇게 드보르작의 〈바이올린 협주곡 A단조〉가 작곡되었죠. 제국의 수도 빈에서는 지휘자 리히터와 빈 필하모닉이 그의 곡을 연주했습니다.

30대 후반, 늦은 나이에 얻은 성공이었지만, 드보르작은 계속해서 근면 성실하게 작곡했습니다. 〈교향곡 6번〉을 비롯한 많은 곡이 완성되었습니다. 성공 속에서 딸들이 태어났고 집안에는 웃음꽃이 피었습니다. 출판된 드보르작의 여러 곡은 끊임없이 그에게 인세를 가져다주었고, 돈 때문에 힘들어하지 않아도 되었습니다. 그는 집을 구매해 이사했고, 행복이 이어졌습니다. 드보르작은 성공의 기세를 몰아 그토록 원했던 오페라 작곡에 매달렸습니다. 하지만 그의 오페라는 체코 내에서만 인정받을 수 있었습니다.

드보르작의 대표곡 〈슬라브 무곡〉은 유럽 각국에서 인기가 많았지만, 특히 영국에서의 인기는 폭발적이었습니다. 또 세 아이를 잃은 슬픔으로 작곡했던 〈슬픔의 성모〉도 인기가 많았습니다. 런던의 필하모닉 협회는 드보르작에 초청장을 보내, 그가 직접 지휘하는 연주회를 기획했습니다. 영국 여행은 드보르작에게 신선한 충격이었습니다. 42년간 대륙은 물론이고 독일어권 국가조차 벗어난 적이 없던 데다, 빅토리아 여왕 시기의 런던은 지지 않는 태양의 제국을 상징하는 중심지였고, 화려한 볼거리로 가득했죠. 런던의 관객들은 프라하에서 온 드보르작에게 엄청난 환호를 안겨주었고, 공연으로 인해 벌어들인 돈도 많았습니다. 그는 영국에서의 성공을 토대로 프라하 남서쪽 근교에 별장을 지었습니다. 그리고 별장에서 새로운 곡들을 작곡하고, 이전의 곡들을 고치는 데 시간을 보냈습니다. 오페라 〈유령 신부〉와 〈성녀 루드밀라〉, 〈교향곡 8번〉과 〈미사 D장조〉를 비롯한 기악곡들과 합창곡들도 완성했습니다. 그리고 오랜 시간 출판업자가 졸라왔던 〈슬라브 무곡〉의 두 번째 작품도 완성되었습니다.

드보르작 46세가 되던 해, 러시아의 작곡가 차이콥스키가 프라하를 방문했습니다. 오페라 〈예프게니 오네긴〉의 프라하 공연을 위해서였죠. 두 사람은 차이콥스키가 프라하에 머무는 동안 친하게 지내며 음악적 교류를 했습니다. 차이콥스키는 드보르작을 '진정한 천재'라고 극찬했고, 드보르작은 차이콥스키 음악의 아름다움에 대해 존경심을 표했습니다. 차이콥스키는 연주 이후 러시아에 돌아가 드보르작의 음악을 사람들에게 소개하는 데 앞장서기도 했고요.

차이콥스키를 만난 다음 해에, 드보르작은 오스트리아-헝가리 제국이 수여하는 최고 등급인 철왕관 훈장 3급을 받았습니다. 2년 뒤에는 프란츠 요제프 1세를 직접 알현하여 레오폴트 훈장을 하사받는 영광도 있었습니다. 또 드보르작의 모교였던 프라하 오르간 학교와 합병한 프라하 음악원의 교수직도 제안받았고요. 영국의 케임브리지 대학의 음악 박사 학위를 받기도 했습니다. 여러 가지 제안과 후학 양성 등 바쁜 날들이었지만, 그는 계속해서 작곡을 해나갔습니다. 드보르작의 종교 음악 가운데 정점이라 평가 받는 〈레퀴엠〉도 이 시기에 완성된 곡이었습니다.

드보르작 가족(1893년)

51세가 되던 해, 드보르작을 뉴욕에 설립될 미국 내셔널 음악 원장으로 초청한다는 편지가 도착했습니다. 그는 제안에 망설였지만, 많은 연봉과 미국 투어 지원, 장기간 휴가 보장이라는 조건에 끌려 미국으로 향했습니다. 내셔널 음악원은 학생을 받는 데

인종차별을 두지 않는 교육 기관이었기 때문에 흑인 학생들도 다닐 수 있었습니다. 흑인 학생들과도 가까이 지내게 되면서, 드보르작은 흑인영가*에 점차 관심을 가지게 되었습니다. 그리고 탄생한 신곡이 바로 〈교향곡 9번 '신세계로부터'〉입니다. 이 곡은 초연에서 대성공을 거두었습니다. 그 외에 〈현악 4중주곡 '아메리카'〉와 〈첼로 협주곡 B단조〉도 미국에서 작곡한 곡이었습니다. 새로운 대륙에서의 성공은 대단히 기쁜 일이었지만, 드보르작은 고향으로 돌아가고 싶어졌습니다. 향수병이었죠. 그는 아버지가 80세의 나이로 세상을 떠나자 아버지의 장례를 이유로 잠시 잠깐 귀국했습니다. 고향으로 돌아온 그는 바쁘게 지낸 미국 생활을 보상받기라도 하듯 휴식을 취하며 〈유모레스크〉를 작곡했습니다. 장례를 비롯해서 휴가가 끝난 후 드보르작은 다시 미국으로 돌아갔지만, 고용주는 당초의 이야기와는 다르게 그에게 임금의 절반만 지급했습니다. 향수병에 걸려 안 그래도 고향으로 돌아가고 싶었던 드보르작은 미국 내셔널 음악원장 3년 임기가 끝나기가 무섭게 짐을 싸서 프라하로 돌아갔습니다.

3년 만에 체코로 돌아온 드보르작은 또다시 프라하 음악원에서 학생들을 가르치면서 작곡을 계속했습니다. 이 기간에는 오페라와 교향시를 작곡하는 데 주로 힘을 쏟았습니다. 교향시 〈물의

---

* 미국의 흑인들이 노예 시대에 부르기 시작한 종교적 민요.

정령〉, 〈한낮의 마녀〉, 〈황금 물레〉, 〈산비둘기〉가 완성되었고, 오페라 〈루살카〉와 〈알미나〉도 완성되었습니다. 오페라 〈루살카〉는 성공을 거뒀지만, 그의 마지막 오페라인 〈알미나〉는 흥행에 참패하며 늙은 드보르작을 슬프게 하였습니다.

드보르작이 60세가 되던 해에는 프란츠 요제프 1세 황제로부터 빈의 종신 상원의원으로 지명되어 귀족이 되었습니다. 또 같은 해, 프라하 음악원의 원장으로도 취임했습니다. 이렇듯 돈과 명예, 지위까지 한 손에 거머쥐었던 위대한 작곡가 드보르작은 프라하의 자택에서 뇌졸중으로 쓰러져 63세의 나이로 운명했습니다. 그의 장례식에는 수많은 시민이 몰려들었고, 그는 여러 사람의 배웅을 받으며 프라하의 비셰흐라트 국립묘지에서 영원한 휴식에 들었습니다.

대표 음악

· 교향곡 9번 E단조 〈신세계로부터〉 Op.95(Symphony No.9 in E Minor 'From New World')
· 첼로 협주곡 B단조 Op.104(Cello Concerto in B Minor)
· 슬라브 무곡 Op.46, Op.72(Slavonic Dances)
· 현악 4중주 12번 F장조 〈아메리카〉 Op.96(String Quarteter No.12

in F Major 'American')

· 유모레스크 Op.101(Humoreque)

추천 음악

 구스타보 두다멜(지휘), 빈 필하모닉 오케스트라 - 드보르작 : 교향곡 9번 E단조 '신세계로부터' 작품번호 95 中 4악장 알레그로 콘 푸오코

자코모 푸치니(Giacomo Puccini, 1858~1924)

---

* 19세기 말 이탈리아에서 유행한 오페라의 한 경향으로, 신화나 영웅의 이야기가 아닌 평범한 사람들의 일상적인 삶과 현실(사랑, 질투, 분노 등 강한 감정)을 사실적으로 다루는 것이 특징.

　푸치니는 1858년 이탈리아 토스카나 지방의 루카에서 태어났습니다. 그의 아버지는 루카의 산 마르티노 대성당의 음악 감독으로 일했는데, 푸치니의 고조할아버지 대부터 4대째 음악감독이었죠. 푸치니는 9남매 중 장남이었고요. 푸치니가 5세 때 아버지가 사망했는데, 그때부터 경제적으로 힘든 생활을 하게 되었습니다. 아버지는 당연히 대를 이어 장남이 오르간 연주자가 될 것이라고 생각했고, 그래서 4세 때부터 피아노를 가르쳤다고 합니다. 조기교육 또한 아버지의 죽음으로 끝났으니 오래 가지 못했습니다.

　이후 루카 행정부에서는 푸치니 가족에게 소액의 연금을 지급해주었고, 산 마르티노 대성당은 푸치니가 성인이 되기 전까지 정식 오르간 연주자 자리를 비워두기로 결정했습니다. 대신 임시 오르간 연주자로 푸치니의 외삼촌이 일하기로 했지요. 어머니는 아들이 10세가 되자, 남편이 일했던 성당의 성가대에 보이 소프라노로 입단시켰습니다. 그리고 그때부터 루카 음악원장이자 오르간 연주자였던 외삼촌으로부터 음악 교육을 시켰고요. 하지만 소년 푸치니는 오르간 연주에 흥미를 느끼지도 못했고, 잘해야겠다는 의지도 그다지 갖지 못했습니다. 결국 외삼촌은 조카의 교육을 포기했습니다. 대신 루카 음악 학교의 교사에게 교육을 받게 되었는데, 푸치니가 이 선생을 좋아해 열심히 했기 때문에, 3년 동안 장족의 발전을 이루게 되었습니다. 합창단원으로 있었던 성 마르티노 성당에서 연주자로 일할 수 있을 정도로 실력이 향상되었고, 성당과 결혼식, 무도회 같은 행사에도 연주자로 드나들 정도가 되었습니다. 그리고 14세에는 시에서 주최한 오르간 콩쿠르에 참여하여 우승을 거머쥐면서 그 재능을 인정받았습니다. 18세가 되던 해, 푸치니는 인근 도시 피사에서 베르디의 오페라 〈아이다〉가 상연된다는 소식을 들었습니다. 연주로 돈을 벌어 생활하고 있었지만, 형편이 넉넉하진 못했죠. 그의 주머니 사정은 공연 티켓을 사고 왕복 교통비까지 쓰기에는 부족했습니다. 결국 그는 〈아이다〉를 관람하는 대신 걸어서 집으로 돌아왔습니다. 그리고 이때 큰 감명을 받아 오페라 음악 작곡가로 살아가겠다고 결심했습니다.

푸치니는 당시 이탈리아의 대표적인 음악가를 배출한 밀라노 음악원에 입학했습니다. 그의 나이 22세 때 일이었죠. 여전히 가정형편은 어려웠지만, 그의 어머니가 아들의 학비를 대기 위해 분주히 노력한 결과 마르게리타 왕비의 장학금을 받게 되어 가능했던 일이었습니다. 또 외삼촌들도 조카의 유학을 위해 금전적인 도움을 주었습니다. 그는 음악원에서 유명한 바이올린 연주자이자 실내악 작곡가인 바치니, 오페라 작곡가로 유명한 폰키엘리에게 가르침을 받게 되었습니다. 그리고 음악원에서 카탈라니, 마스카니, 프란케티라는 새로운 친구들을 사귀게 되었고요.

밀라노로 오기 전에도 그러했듯이, 이후에도 푸치니의 궁핍한 생활은 딱히 달라지지 않았습니다. 무척 가난했죠. 그는 마스카니와 같이 하숙하면서 음악원 생활을 계속했습니다. 스승인 폰키엘리는 제자인 푸치니의 재능을 일찍부터 알아봐주었습니다. 그에게 창작 오페라 공모전에 출품하기를 권했고, 세상에 제자를 알리기 위한 노력을 아끼지 않았으며, 기회가 있으면 권해주는 등 재능 넘치는 제자에게 아낌없는 격려와 도움을 주었습니다. 푸치니는 3년 만에 밀라노 음악원을 졸업했습니다.

원래대로라면 고향으로 돌아가 아버지를 이어 산 마르티노 대성당의 음악감독으로 일해야 했지만, 그는 루카로 돌아가지 않고 밀라노에 머물기로 결심했습니다. 오페라의 성지 라 스칼라 극장이 있고, 재능 있는 젊은 음악가들이 모여 있는 도시였으니, 당연한 선택이었습니다. 게다가 푸치니가 음악원을 졸업하기 몇 달 전, 출판사에서 주체하는 단막 오페라 공모전이 열렸습니다. 폰키엘리도 푸치니에게 공모전 응모를 권유했고, 그도 좋은 기회라고 생각하고 참여하기로 했죠. 그는 첫 번째 오페라인 〈요정 빌리〉를 작곡하여 출품했습니다. 하지만 수상에는 실패했습니다.

그러나 이 작품은 훗날 푸치니를 세상에 알리는 작품이 되었습니다. 단막 오페라 공모전의 대다수 심사의원은 이 작품에 별다른 흥미를 보이지 않았지만, 작곡가이자 대본가인 보이토는 〈요정 빌리〉를 주목했고, 〈요정 빌리〉의 공연을 추진하기로 결정했습니다. 밀라노의 한 극장에서 〈요정 빌리〉의 첫 공연이 있었습니다. 푸치니의 가능성을 알아봤던 보이토를 비롯 몇몇 귀족들과 음악 애호가들의 지원금으로 이뤄진 기적 같은 기회였습니다. 관객들의 반응은 열광적이었고 성공을 거뒀습니다. 그러자 이탈리아에서 큰 영향력을 가지고 있던 리코르디 출판사의 대표는 이 〈요정 빌리〉 공연을 1막에서 2막으로 확대하는 조건으로 판권을 사들였습니다. 게다가 〈요정 빌리〉 2차 공연에 필요한 금액도 지원해줬습니다. 라 스칼라 극장에 올릴 새 오페라도 의뢰해주었고, 푸치니에게 월급도 주었습니다. 푸치니와 리코르디의 협력관계는 이렇게 시작되었습니다. 〈요정 빌리〉는 오페라 작곡가 푸치니의 이름을 세상에 알렸고, 그에게 돈과 명예를 안겨 주었습니다.

하지만 마냥 좋아할 수는 없었던 것이, 이 공연 두 달 뒤 그의 어머니가 세상을 떠났습니다. 푸치니에게는 기쁨과 슬픔이 교차했습니다. 이후로 그는 더 이상 자신의 사랑을 숨기지 않기로 결심합니다. 푸치니는 엘비라 제미냐니와 연애 중이었는데, 엘비라는 푸치니의 옛 고향 친구의 아내였기 때문에 어머니가 두 사람 사이를 반대했고, 비밀 연애 중이었거든요. 두 사람은 루카를 떠나 밀라노에서 동거를 시작했습니다. 사람들은 젊고 전도유망한 오페라 작곡가 청년과 가정이 있는 여자의 스캔들을 곱게 봐주지 않았습니다. 두 사람은 2년 뒤 아들 안토니오를 낳았는데, 엘비라의 남편이 사망할 때까지 약 20년간 정식으로 혼례를 치르지 못하고 동거 관계를 유지했습니다.

푸치니의 두 번째 오페라는 라 스칼라 극장에서 첫 공연을 했습니다. 하지만 흥행에 참패하고 말았습니다. 푸치니의 후원자로 시작했지만, 이 무렵에는 그의 친구가 된 리코르디는 후속작의 실패로 상심한 푸치니를 등지지 않았습니다. 그는 새 작품에 대한 자극을 받아올 수 있도록 푸치니를 독일의 바이로이트로 여행을 보냈습니다. 푸치니는 바그너의 오페라 〈뉘른베르크의 명가수〉를 보고 자신의 세 번째 오페라인 〈마농 레스코〉에 대한 영감을 가지고 밀라노로 돌아왔습니다. 〈마농 레스코〉는 18세기 프랑스의 소설가인 프레보의 소설에 기초한 작품이었습니다.

이때부터 푸치니는 오페라의 주제 선택에 신중을 기했고, 대본 작업에도 많은 시간을 투자했으며, 극중 인물의 심리 묘사에 특히 공을 들이기 시작했습니다. 〈마농 레스코〉는 대본 작업만 여덟 명이 붙어 작업했는데, 푸치니도 직접 참여했습니다. 원작에서는 여자 주인공보다 남자 주인공이 비중이 높은 편인데 과감하게 여주인공을 원톱 주인공으로 삼았고, 원작의 스토리를 과감히 삭제하기도 했습니다. 푸치니의 세 번째 오페라 〈마농 레스코〉는 토리노에서 공개됐습니다. 관객 반응은 열광적이었고, 평론가들 반응 또한 뜨거웠습니다. 푸치니는 이 〈마농 레스코〉 한 편의 오페라로, '베르디를 계승할 이탈리아 오페라 작곡가'라는 호칭을 얻게 됐을 뿐 아니라, 가난에 허덕이던 그간의 생활을 청산할 수 있게 되었으며, 세계적인 명성까지 얻게 되었습니다. 34세의 나이에 얻은 큰 성공이었죠.

3년 뒤, 푸치니는 프랑스의 소설가 뮈르제의 소설을 원작으로 한 〈라 보엠〉을 발표했습니다. 가난한 젊은이들이 예술로 인해 희로애락을 겪으며 성장하는 성장 스토리였습니다. 〈라 보엠〉은 토리노에서 명지휘자 토스카니니의 지휘로 처음 공개되었고, 대성공을 거뒀습니다. 이 작품은 젊은 날 푸치니가 밀라노 음악원에 다닐 때, 춥고 배고프던 나날들의 경험을 잘 살려 만든 작품이라고 평가받고 있습니다.

4년 뒤, 푸치니는 자신의 네 번째 오페라 〈토스카〉의 첫 공연 무대를 로마에서 가졌습니다. 첫 번째 공연은 실패로 끝났지만, 시간이 흐르면서 엄청난 인기를 끌었습니다. 〈토스카〉의 후속작이었던 〈나비부인〉 또한 토스카처럼 첫 공연에서 성공을 거두지 못했지만, 이후에는 비슷하게 인기를 끌기 시작하여 현재 '푸치니의 대표작' 하면 손에 꼽히는 작품이 됐죠. 이 시기 푸치니의 작품들은 완성도가 높은 편이었으며 상업적인 성공도 함께 거머쥐었습니다. 그러니 사람들도 이 시기 푸치니의 세 오페라 연작을 '푸치니 오페라의 3대 비극'으로 꼽으며 100년이 넘는 시간이 흐른 지금까지도 사랑하고 있고요.

'푸치니 3대 비극'의 흥행 이후에도 푸치니는 계속 신작을 발표했습니다. 〈서부의 아가씨〉, 〈제비〉, 〈일 트리티코: 외투〉, 〈안젤리카 수녀〉, 〈잔니 스키키〉 등의 작품이었습니다. 〈나비부인〉 이후에 발표한 이 작품들은 상업적 성공을 거뒀지만, 음악적으로나 작품성 면에서는 푸치니 3대 비극에 못 미친다는 평가를 받았습니다. 이제 푸치니의 전성시대가 끝이 난 것이 아닌가 하는 이야기도 흘러나왔습니다. 이런 구설수가 떠도는 배경에는 일명 '도리아 스캔들'이 그의 발목을 잡은 것 아니냐는 추측도 떠올랐습니다.

도리아는 이웃 마을 출신 하녀였습니다. 문제는 푸치니의 아내 엘비라였는데, 그녀가 남편과 하녀의 사이를 의심하면서 사건이 생겼습니다. 푸치니가 카이로에서 여름을 보낸 후 여행에서 돌아왔을 때였습니다. 그는 다음 작품인 〈서부의 아가씨〉를 작곡하는 데 온 노력을 기울이고 있었고요. 하지만 엘비라가 남편과 도리아의 사이를 의심하면서 사건이 발생했습니다. 도리아는 엘비라의 의심과 살해 협박 때문에 푸치니의 집을 떠났고 그렇게 사건은 일단락되는 것 같았죠. 하지만 사람들은 도리아가 푸치니의 정부라고 쑥덕였고, 심지어는 아이를 지우는 수술을 했다는 소문까지 돌았습니다. 소문이 돌자 도리아는 독을 먹고 자살했습니다. 도리아의 부모는 하녀로 일하고 있던 딸을 학대하고 명예를 훼손했다며 엘비라를 고발했고, 법원은 엘비라의 가학 행위를 인정하고 유죄 판결을 내렸습니다. 하지만 아내가 감옥에 가는 것을 원치 않았던 푸치니는 도리아의 부모에게 거액의 합의금을 지불하고 합의를 이끌어냈습니다.

한동안 매너리즘에 빠진 것 같다는 평을 받던 푸치니는 중국의 전설을 바탕으로 한 연극 〈투란도트〉를 베를린에서 접하고 새로운 영감을 받아 왕성하게 작품을 창작하기 시작했습니다. 그는 작품을 만들면서 "이제까지의 내 오페라들은 다 버려도 좋다."고 할 정도로 신작 〈투란도트〉의 흥행을 자신했습니다. 하지만 이미 이전에 겪었던 교통사고의 후유증과 인후암으로 인해 건강이 급속도로 악화됐고, 암 수술을 위해 벨기에의 브뤼셀로 향했지만, 갑작스런 심장 발작으로 〈투란도트〉를 끝내 완성하지 못한 채 65세의 나이로 세상을 떠났습니다.

시신은 특별 열차에 실려 브뤼셀에서 밀라노까지 옮겨졌고, 밀라노 대성당에서 장례식이 거행되었습니다. 유해는 라 스칼라 극장 앞을 지나 밀라노의 가족 묘지에 임시로 안장되었다가, 그가 생전 머물렀던 토레 델 라고*로 옮겨져 묻혔습니다. 그 후 아내였던 엘비라, 아들 안토니오도 사망 후 그의 곁에 묻혔습니다.

푸치니가 세상을 떠난 지 2년 후, 그의 마지막 오페라 〈투란도

---

* 두 번째 오페라 실패 후 밀라노에서 이주한 곳.

트)는 밀라노 라 스칼라 극장에서 생전 푸치니와 끈끈한 유대를
유지했던 지휘자 토스카니니의 지휘로 처음 공개되었습니다. 이날
토스카니니는 푸치니가 작곡했던 마지막 3막 1장, 칼라프 왕자의
하녀 류가 죽는 장면을 연주한 후, "푸치니 선생은 여기까지 작곡
하고 돌아가셨습니다."라고 말하고 지휘봉을 내려놓았다고 합니다.
  첫 공연 이후 〈투란도트〉는 푸치니의 친구이자 제자인 알파노
가 푸치니가 남긴 스케치를 기초로 하여 나머지 남은 두 장면을
완성했고, 현재는 알파노가 완성한 버전으로 무대에 올려지고 있
습니다.

투란도트 오리지널 포스터

대표 음악

· 오페라 〈라 보엠〉(La Boheme)

· 오페라 〈토스카〉(Tosca)

· 오페라 〈나비 부인〉(Madam Butterfly)

· 오페라 〈투란도트〉(Turandot)

추천 음악

 루치아노 파바로티(테너) - 푸치니 : 오페라 〈투란도트〉 中 3막 모두 다 잠들지 말라(공주는 잠 못 이루고, Nessun Dorma)

라흐마니노프 ♬

: 미국으로 망명했지만 잊지 못한 조국

세르게이 라흐마니노프(Sergei Vasilievich Rachmaninoff, 1873~1943)

　라흐마니노프는 1873년 러시아의 서쪽, 노브로고트 주에서 3
남 3녀 중 차남으로 태어났습니다. 아버지는 러시아의 귀족이자
근위대 대장이었고, 어머니는 장군의 딸이었습니다. 외가가 부유
했기 때문에 어머니가 결혼 혼수로 가져온 땅에서 거둬들인 수익
으로 가족들 모두 넉넉하게 생활했다고 합니다. 당시 귀족들이 음
악을 자신의 신분에 맞는 취미 같은 존재로 취급했기 때문에, 라
흐마니노프의 가족들도 자연스레 음악을 좋아했고, 자주 접하
고 있었습니다. 집안 분위기 덕분에 어린 라흐마니노프도 자연스
럽게 음악을 접했고 악기를 배우기 시작한 것은 당연한 일이었고
요. 4세가 되자 어머니가 직접 피아노 연주를 가르쳐주었다고 합
니다. 할아버지, 아버지 모두 연주를 즐겨하던 아마추어 연주자였
기 때문에, 라흐마니노프 가족들은 정기적으로 가족 연주회를 열
어 오페라와 민요를 비롯해 즉흥곡들까지 연주하며 즐거운 시간

을 보내고는 했습니다. 라흐마니노프가 7세가 되던 해, 우연히 슈베르트의 가곡을 휘파람으로 연주한 것을 한 번 듣고 외워 피아노로 연주한 일이 있었는데, 그의 부모는 아들의 음악적 재능을 알아보고 전문적인 피아노 선생을 데려옵니다. 상트페테르부르크 음악원을 갓 졸업한 피아니스트를 입주 가정교사로 고용한 것인데, 부유한 집안이었으니 가능한 일이었죠.

하지만 라흐마니노프가 9세가 되던 해, 아버지의 무리한 투자로 가세가 기울고 말았습니다. 어머니가 결혼할 때 가져왔던 사유지 대부분이 경매에 부쳐져 다른 사람들 손에 넘어갔고, 가족들이 함께 살던 저택도 팔고 상트페테르부르크로 이사해야만 했습니다. 원래대로라면 집안 대대로 군인이었으므로, 소년 라흐마니노프도 군에 입대해 장교가 되어야 했지만, 군사학교의 수업료가 비싸 그럴 수 없게 되었습니다. 그래서 라흐마니노프와 그의 부모가 선택할 수 있었던 것은 장학금을 받을 수 있었던 음악원뿐이었습니다. 가세가 기운 것도 모자라, 라흐마니노프의 누나 하나가 갑작스레 세상을 떠나자, 아버지도 집을 나가 버리고, 큰형 또한 소년단에 자원해 집을 떠나버렸습니다. 라흐마니노프 또한 음악원 수업에 소홀하며 과제도 잘 하지 않은 채 탈선 학생으로 생활했다고 합니다. 대신 가까이 사는 외할머니와 많은 시간을 보냈는데, 할머니와 러시아 정교회에 자주 방문했습니다. 성당에서 들을 수 있는 성가와 종소리, 그리고 할머니와 함께 피아노로 연주하던 차이콥스키의 음악 일부는 훗날 라흐마니노프가 음악가로 활동할 때 큰 도움이 되었습니다.

하지만 그런 개인적인 경험들이 정규 교육과정을 대체할 수 없었기 때문에, 라흐마니노프는 상트페테르부르크 음악원에서 거의 낙제 성적을 받을 수밖에 없었습니다. 결국 그의 어머니는 자신의 조카이자 피아니스트였던 질로티와 상의했고, 질로티의 선생이었던 즈베레프에게 배울 수 있도록 12세의 둘째 아들을 모스크바 음악원으로 보냈습니다. 즈베레프의 가르침은 엄격했지만, 라흐마니노프는 그의 교육을 고분고분 잘 따랐습니다. 스승의 집에서 함께 숙식하며 피아노 연주법을 기초부터 차근차근 배우기 시작했고요. 교육은 음악 분야에만 그치지 않았습니다. 오페라, 연주회, 연극 등의 문화생활을 포함해 인문적인 소양을 쌓게도 했죠. 그리고 생활 습관도 규칙적으로 바뀌었고요. 즈베레프를 만나기 전의 라흐마니노프는 변덕도 심하고 포악한 성격이었다고 합니다. 하지만 즈베레프와 함께 생활하면서 그런 제멋대로인 성격을 고치고 모범적인 생활을 하면서 이전의 모습을 버릴 수 있었다고 하죠. 그리고 상트페테르부르크 시절부터 존경했던 선배 음악가인 차이콥스키도 스승의 소개로 만날 수 있었습니다. 첫 만남 이후, 라흐마니노프와 차이콥스키는 꾸준히 만남을 이어갔습니다. 차이콥스키는 라흐마니노프의 음악에 경의를 표하며 내심 자신의 음악적 후계자로 그를 지목하기도 했다고 합니다.

하지만 즈베레프와의 관계는 16세의 라흐마니노프가 작곡을 시작하면서부터 나빠지기 시작했습니다. 즈베레프는 피아니스트가 작곡에 시간을 낭비하는 것은 잘못된 것이라고 지적했고, 라흐마니노프는 몰래 작곡하다가 스승에게 걸려 아파트에서 쫓겨났습니다. 쫓겨난 그는 사촌들이 있는 사틴 가에 머물면서 사춘기를 보내며 음악 공부를 계속해 나갔습니다. 음악원에서 작곡과 피아노를 비롯한 전문적인 음악 교육을 받았죠. 피아노과는 정규 과정보다 일찍 18세의 나이로 황금메달을 받으며 졸업했고, 작곡과는 그다음 해에 졸업 작품으로 첫 단막 오페라 〈알레코〉를 제출하며 심사위원 만장일치로 황금메달을 또 수상했습니다. 이는 모스크바 음악원 설립 후 세 번째로 나온 금메달이었고, 그는 최우수 성적으로 음악원을 졸업했습니다. 졸업 직후, 라흐마니노프는 〈피아노를 위한 프렐류드 C샵 단조〉를 작곡해 발표했고, 발표 직후 엄청난 호평을 받았습니다. 그리고 그의 사촌인 질로티가 유럽과 미국 순회공연에서 이 곡을 연주하면서 전 세계적인 히트곡이 되었습니다. 이 곡은 런던 필하모닉 협회의 초대를 받게 해주었고, 라흐마니노프가 작곡가와 지휘자, 피아니스트로서 인정받게 되는 데 도움이 되었습니다. 덕분에 피아노 협주곡 작곡을 의뢰받기도 했지요.

라흐마니노프는 22세가 되던 해에 첫 번째 교향곡인 〈교향곡 1번〉을 완성해서 2년 뒤 상트페테르부르크에서 대중에 공개했지만 성공하지 못했습니다. 러시아 5인조의 큐이는 '애굽의 재앙에 계획된 교향곡*'이라며 비아냥댔습니다. 라흐마니노프는 〈교향곡 1번〉의 실패에 심한 충격을 받아 심한 슬럼프에 빠졌습니다. 3~4년간 작곡을 하지 못할 정도였죠. 그는 작곡 활동을 접기로 결심하고, 런던에서 피아니스트로 데뷔했습니다. 그의 나이 26세 때였죠. 그리고 그 결정은 피아니스트로서의 성공 가도로 이어졌습니다. 하지만 피아니스트로서 성공을 거두면 거둘수록, 라흐마니노프 안에 남아있던 피아노 협주곡 작곡에 대한 욕구가 점점 커졌습니다. 결국 그는 신경학자이자 정신과 의사였던 달 박사를 찾아갔습니다. 박사는 그에게 최면과 자기암시 요법을 처방했습니다. 다행히 이 심리 요법이 효과가 있었고, 라흐마니노프는 작곡을 중단한 지 2년 만에 〈피아노 협주곡 2번〉을 완성해 박사에게 감사의 마음을 담아 헌정했습니다. 다시 작곡을 할 수 있게 됐을 뿐만 아니라, 그는 〈피아노 협주곡 2번〉으로 글린카 상**을 받게 되면서, 작곡 분야에서 자신감을 완전히 회복할 수 있었습니다. 그뿐만 아니라 모스크바 볼쇼이 극장의 지휘자가 되어 2년간 활동하기도 했습니다.

---

* 모세의 이집트 탈출(출애굽)에 예정된 7가지 재앙 중 하나라는 표현으로, 그만큼 끔찍하다는 뜻이다.
** 글린카 상(Glinka Prize)은 러시아 제국 및 소련 시대에 걸쳐 러시아 음악 발전에 기여한 작곡가에게 수여되던 최고의 영예로운 상이다.

라흐마니노프는 33세가 되던 해, 독일의 드레스덴으로 옮겨갔습니다. 혁명 때문에 러시아의 정치적 불안정이 계속되고 있다는 이유 때문이었지만, 그 덕분에 사교활동을 비롯한 사회적 활동을 그만두고 작곡에만 집중할 기회가 되었습니다. 〈교향곡 2번〉, 〈피아노 소나타 1번〉, 교향시 〈죽음의 섬〉 등을 완성했습니다. 그리고 3년 뒤에는 미국 순회 연주를 다녀왔습니다. 라흐마니노프가 가는 곳곳마다 미국의 청중들은 열광했고, 평단의 반응 또한 엄청난 호평 일색이었습니다. 같은 해, 라흐마니노프는 〈피아노 협주곡 3번〉을 완성했습니다. 이 곡을 헌정 받은 당대 최고의 피아니스트 호프만조차도 '나를 위한 곡이 아닌 것 같다.'며 거절할 정도로 극악의 난이도와 난해함을 자랑하는 곡이었죠. 이에 라흐마니노프는 이 〈피아노 협주곡 3번〉을 뉴욕에서 직접 연주해서 대중에 공개했습니다. 지휘를 하면서 피아노도 연주하는 1인 2역을 완벽하게 소화해냈고, 역시 호평을 받았습니다. 지휘자로서 그리고 피아니스트로서 그의 명성은 점점 높아졌고, 창작에 투자할 시간은 점차 줄어들었습니다. 그러자 라흐마니노프는 연주 일정을 상당 부분 취소하고, 이탈리아로 여행을 떠났습니다. 이때 작곡한 것이 합창 교향곡인 〈종〉입니다. 이렇게 작곡과 연주를 동시에 하던 라흐마니노프는, 갑작스레 러시아로 귀국했습니다. 그리고 러시아 황실 음악 협회 부회장, 모스크바 필하모닉 협회 지휘자로서 직책을 맡아 약 13년간 활발하게 활동을 이었습니다.

하지만 러시아에서 볼셰비키 혁명이 일어나고 사회가 혼란해지자, 44세의 라흐마니노프는 가족들과 함께 고국을 떠나기로 결정합니다. 그가 귀족 출신이었기 때문에 재산도 목숨도 모두 다 위험했거든요. 핀란드 헬싱키에서의 공연 초청을 핑계 삼아, 스웨덴과 노르웨이를 거쳐 이듬해 미국으로 완전히 망명해버렸습니다. 그리고 그가 세상을 떠날 때까지 미국에 머물게 되었습니다. 미국에 이주해 왔던 그해는 피아니스트 호로비츠를 만났고, 이후 두 사람은 평생 음악적 동료이자 친구로 지내게 되었습니다. 호로비츠의 〈피아노 협주곡 3번〉 연주에 대해, 라흐마니노프가 "내 피아노 협주곡은 바로 이렇게 연주되어야 한다고 항상 꿈꿔 왔지만, 살아서 이런 연주를 들을 줄은 기대하지도 않았다."며 극찬했다는 에피소드가 아주 유명합니다.

라흐마니노프는 계속 미국에 머물면서 〈피아노 협주곡 4번〉, 〈피아노와 관현악을 위한 파가니니 주제에 의한 랩소디〉, 〈교향곡 3번〉 등의 명작을 완성해냈습니다. 하지만 미국 이민 후 그는 25년간 작곡보다 연주 활동에 더 많은 신경을 썼습니다. 고국 러시아의 정치적 상황 때문에 망명을 선택하긴 했지만, 영어를 능숙하게 구사하지 못했고, 그런 이유로 가족과 몇몇 친구들, 러시아인 비서, 러시아인 요리사, 러시아인 기사를 두고 한정적인 인간관계에서 고립된 생활을 했다고 합니다. 그래서였는지 그의 심리상태는 창작에도 부정적 영향을 미쳤습니다. 독창적인 작품은 거의 작곡하지 못하고 이전의 몇몇 작품을 고치기만 할 뿐이었습니다. 그리고 주로 연주 활동에 전념했습니다. 지휘자로서, 피아니스트로서의 미국과 유럽 활동은 안정적이었고, 큰 명성을 얻게 되었습니다. 미국에 머물던 라흐마니노프는, 소비에트 연방 체제에 반대하는 입장을 공식적으로 표명했습니다. 그러자 소련 정부는 보복으로 라흐마니노프의 모든 작품을 소련 내에서 연주하는 것을 금지했습니다. 그럼에도 불구하고 라흐마니노프에게는 조국에 대한 애정이 남아 있었기 때문에 독-소 전쟁 중에는 조국을 위한 모금 연주회를 열기도 하였습니다.

1936년경, 피아노 앞의 라흐마니노프

말년에는 스탈린이 라흐마니노프에게 귀국을 권유했지만 제안에 응하지 않았고, 결국 그는 죽을 때까지 러시아로 돌아가지 못했습니다. 그렇게 남은 평생 고국 러시아를 그리워하며 음악 활동을 하다가, 피부암 때문에 악화된 건강으로 급히 송환된 캘리포니아의 자택에서 69세의 나이로 세상을 떠났습니다. 그의 70번째 생일 4일 전이었죠. 라흐마니노프는 살아생전 고국 러시아에 묻히고 싶어 했지만, 소련과 사이가 틀어진 상태였기 때문에 불가능했고, 차선책으로 스위스에 있는 그의 별장에 묻히기를 원했지만 그 또한 제2차 세계대전으로 인해 불가능했습니다. 결국 그는 뉴욕 근교의 켄시코 묘지에 안장되었습니다. 죽어서도 고국으로 돌아가지 못한 셈입니다.

대표 음악

· 교향곡 2번 E단조 Op.27(Symphony No.2 in E Minor)
· 피아노 협주곡 2번 C단조 Op.18(Piano Concerto No.2 in C Minor)
· 피아노 협주곡 3번 D단조 Op.30(Piano Concerto No.3 in D Minor)
· 파가니니 주제에 의한 광시곡 Op.43(Rhapsody on a Theme of Paganini)

추천 음악

 유자 왕(피아노), 구스타보 두다멜(지휘), LA 필하모닉
오케스트라 - 라흐마니노프 : 피아노 협주곡 2번 C
단조 작품번호 18 中 2악장 아다지오 소스테누토

MY FIRST CLASS OF CLASSICAL MUSIC

5부

인상주의

모네의 그림처럼 주관적 감상을 표현하라

19세기 말에서 20세기 초에는 인상주의(Impressionism)
가 떠올랐습니다. 있는 그대로 재현하는 것보다는 작가가
가진 고유한 인상과 주관적 감상을 표현하는 것이 예술의
나아갈 길이라고 여긴 것입니다. 드뷔시, 라벨과 같은 작곡
가가 탄생한 배경이기도 합니다.

클로드 모네의 〈파라솔을 든 여인〉

드뷔시

: 소리로 빛깔과 분위기를 표현하다

클로드 드뷔시(Achille-Claude Debussy, 1862~1918)

　드뷔시는 1862년 프랑스 파리의 북서쪽 근교 지역이었던 생제르맹알레에서 5남매 중 첫째로 태어났습니다. 아버지는 중국 도자기를 파는 상인이었고, 어머니는 재봉사였습니다. 집안 형편이 넉넉하지 않았고, 음악과는 다소 거리가 있는 소박한 노동자 계급 가정 출신이었죠. 드뷔시가 태어난 지 2년 뒤, 아버지의 도자기 판매 사업이 실패하면서 상점이 문을 닫게 되었고, 가족들은 모두 다 파리로 이사해 몇 년간 외할머니댁에 얹혀살았습니다. 물론 아버지가 인쇄 공장에 새로운 일자리를 구하고 나서는 외할머니 집에서 나와 가족들끼리 따로 사는 아파트를 구하기는 했지만요.

　드뷔시가 7세가 되던 해에는 프랑스-프러시아 전쟁이 일어나 파리가 포위되는 일이 있었습니다. 그러자 어머니는 임신한 몸으로 아들인 드뷔시와 바로 아래 딸까지 아이 둘을 데리고 남부 프랑스의 칸으로 피난을 떠났습니다. 아이들의 고모가 칸에 살고 있었거든요. 드뷔시는 칸에 머무는 동안 피아노 레슨을 처음 받게 되었는데, 고모가 어린 조카를 위해 기꺼이 레슨비를 내준 덕분이었습니다. 한편 파리에 남아있던 드뷔시의 아버지는 파리 코뮌* 세력과 함께했는데, 코뮌 세력이 더 커지는 것을 두려워한 오스트리아-헝가리 제국과 벨기에, 그리고 영국의 3국 연합군이 프랑스 정부군과 함께하면서 코뮌은 와해되었고, 드뷔시의 아버지는 감옥에 1년간 갇혔습니다. 가족들에게는 불행한 사건이었지만, 아버지가 감옥생활을 하면서 어느 음악가를 알게 되어 드뷔시에게는 오히려 음악을 공부할 수 있는 기회가 되었습니다. 아버지 감옥 동기인 음악가 친구의 어머니인 모테 부인의 가르침을 받게 되었거든요. 쇼팽의 제자라고 주장하고 다닌 사람이었는데, 아마추어 연주자치고는 연주 실력이 훌륭했고, 무엇보다 칸에서 파리로 돌아온 후 1년간 드뷔시를 무료로 가르쳐준다는 것이 드뷔시와 가족들에게 좋은 점이었습니다.

10세가 되던 해, 드뷔시는 국립 파리 음악원에 입학했습니다. 처음에는 피아노를 배우다가, 음악 이론, 작곡법, 화성학, 오르간까지 익히며 11년간 음악원에 머물렀습니다. 그는 음악원에서 무척 뛰어난 학생이었습니다. 피아노과 2년 차부터 3년간 연달아

---

* 1871년, 프랑스가 독일(프러시아)과의 전쟁에서 패배한 혼란한 시기에 파리 시민들이 스스로 세운 자치 정부. 약 2개월 동안 가난한 사람들의 삶을 개선하기 위해 노력했지만, 프랑스 정부군에 의해 진압됨.

음악원의 연례 콩쿠르에서 상을 탈 정도로 독보적이었습니다. 그 이후 2년 연달아 입상하지 못하는 일이 발생했는데, 그 이후 음악 이론이나 화성학과 같은 작곡 쪽 수업을 주로 들으며 작곡가로 진로를 바꾸게 되었습니다.

음악원 7년 차의 여름, 드뷔시는 차이콥스키의 후원자로 유명했던 폰 메크 부인의 음악 가정교사로 초청받아 가족의 여름 별장인 슈농소 성에 머물렀습니다. 그 시기 뮈세의 시 '달의 발라드'와 '스페인의 공주 마드리드'를 이용해 처음 작곡을 했죠. 메크 가족과의 관계는 3년간 지속되었으며, 프랑스, 스위스, 이탈리아 여행을 함께했고, 모스크바에 위치한 메크 가의 집에도 함께 머물렀습니다. 피아노 교사 일을 하면서 메크 가의 실내악단을 위해 〈피아노 트리오〉를 작곡하기도 했으며, 차이콥스키의 백조의 호수에서 선율을 따와 〈3개의 춤곡을 위한 피아노 듀엣〉을 만들기도 했습니다.

메크 가족과의 관계가 끝나고 음악원 9년 차가 되었을 때, 드뷔시는 음악원의 성악 수업에 반주자로 들어갔는데, 이 수업에 들어오는 바스니에라는 여성을 알게 되어 사랑에 빠졌습니다. 하지만 문제는 이 바스니에가 고위 공무원의 아내로 유부녀였다는 점이었죠. 그녀는 드뷔시에게 뮤즈가 되어주었습니다. 7년간 27개의 곡을 작곡해서 그녀에게 바쳤거든요.

연애가 창작의 원동력이 되자, 드뷔시는 로마 대상에도 지원했습니다. 우승자에게 로마 유학 기회를 주는 것으로 유명한 경연이었습니다. 파리 음악원에 다니는 학생이라면 누구나 꿈꾸는, 그리고 파리 음악원 출신 유명 작곡가라면 도전하지 않는 사람이 없을 정도로, 반드시 거쳐가는 과정이었습니다. 드뷔시는 칸타타 〈방탕한 아들〉로 우승을 거머쥐고 로마로 떠났습니다. 하지만 로마에 위치한 프랑스 아카데미 안의 빌라 드 메디치에 머문 지 얼마 지나지 않았을 때, 그는 향수병에 걸렸습니다. 음식도 입에 맞지 않고, 도니제티나 베르디로 대표되는 이탈리아 오페라 또한 자신의 취향에 맞지 않았거든요. 오히려 16세기 교회 음악에 깊은 인상을 받았습니다. 향수병이 심했던 그는 3년에 걸친 로마 생활 동안 바스니에 부인을 만나기 위해 서너 번이나 파리를 다녀왔습니다. 결국 향수병을 이기지 못한 드뷔시는 하이네의 시에서 영감을 얻은 교향시 〈졸리마〉, 교향악곡 〈프랭탕〉, 칸타타 〈선택받은 여인〉을 포함한 4곡의 과제물을 음악원에 제출하고 파리로 돌아오려 했습니다. 그의 음악을 받은 음악원 측은 '이상하고, 이해할 수 없으며, 연주 불가능한' 곡이라고 평가했습니다. '마스네의 음악에 영향을 받은 것 같음'이라고 평가하면서도 결론적으로 '수수께끼 같은 음악'이라고 결론지었죠.

3년의 유학 기간을 다 채우지 못하고 2년 만에 파리로 돌아온 드뷔시는, 바그너의 오페라 〈트리스탄과 이졸데〉 파리 첫 공연을 보고 엄청난 감동을 받았습니다. 그래서 그다음 해에 바그너의 오페라를 감상하기 위해 독일 바이로이트 축제에 참석하려고 여행을 떠났습니다. 하지만 돌아온 것은 실망과 분노였죠. 바그너의 음악이 새로운 것이라 생각해서 한껏 기대했던 것과 달리 바이로이트에서 경험한 바그너의 음악을 두고, 그는 훗날 '새벽이라고 착각한 아름다운 일몰'이었다고 언급했습니다. 대신 다른 곳에서 영감을 얻었는데, 그가 26세가 되던 1889년 파리에서 만국 박람회, 일명 엑스포가 개최되었을 때, 드뷔시는 인도네시아 연주단이 연주한 전통 음악을 처음 접합니다. 여기서 영감을 얻어 새로운 곡을 작곡했는데, 이 곡이 바로 《베르가마스크 모음곡》입니다. 이 중에서 가장 유명한 곡이 우리에게도 잘 알려진 〈달빛〉이라는 곡입니다. 그리고 그는 림스키-코르사코프가 자신의 곡을 직접 지휘한 파리 공연도 두 번이나 다녀왔습니다. 림스키-코르사코프의 자유로운 화성과 독일적이지 않은 음악 특징은 드뷔시의 음악 스타일 발전에 영향을 미쳤습니다. 27세 이후부터는 선배 작곡가인 사티와 지속적으로 교분을 쌓으면서 그의 영향을 받기도 했습니다. 두 사람은 같은 사교 공간인 카페에서 일했던 것을 계기로 서로 알게 되었다고 합니다.

드뷔시는 지속적으로 피아노 소품들을 비롯하여 여러 장르의 작곡을 계속해 나갔습니다. 그렇게 작곡한 곡 중 일부는 출판되어 공연으로 무대에 올려지기도 했고요. 몇몇 작곡가들의 인정을 받기도 했고, 30세가 되던 해에는 국립음악협회의 위원으로 선택

되기도 했지만, 드뷔시의 음악은 사회적으로 큰 반향을 불러일으키지 못했습니다. 그러던 어느 날, 드뷔시는 그의 커리어에서 큰 전환기를 맞는 행사에 참석하게 됩니다. 연극 〈펠레아스와 멜리장드〉의 첫 공연이었죠. 그는 연극을 관람하고 바로 이 극을 오페라로 만들기로 마음을 먹었습니다. 1년의 준비 기간을 거쳐 그는 한 편의 오페라를 완성했습니다. 다음 해에는 스테판 말라르메의 시를 바탕으로 교향시 〈목신의 오후에의 전주곡〉을 작곡해 국립음악협회에서 처음 공개했습니다. 그의 나이 32세 때였죠. 또 한편 오랜 시간 동안 오페라 〈펠레아스와 멜리장드〉의 공연을 위해 관계자와 접촉하는 등 약 10년간 노력을 한 결과 파리 오페라 코뮈크 극장에서 첫 공연을 올릴 수 있었습니다.

37세가 되던 해, 드뷔시는 젊은 예술가들의 모임인 '레 자파슈*'를 조직해 활동하기 시작했습니다. 이 모임에는 후배 음악가인 라벨을 비롯해, 러시아 작곡가 스트라빈스키, 스페인 피아니스트 비녜스, 스페인 작곡가 델 파야도 참여했습니다. 같은 해에는 〈3개의 교향적 녹턴〉 중 첫 번째, 두 번째 곡이 대중에 공개되어 연주회를 가졌습니다. 대중적으로는 큰 반향을 불러일으키지는 못했으나 동료 음악가들에게는 좋은 평가를 얻었고, 그다음 해에 나

---

* 레 자파슈(Les Apaches)는 파리의 거리 불량배 혹은 깡패를 일컫는 속어에서 따온 이름으로, 20세기 초 파리에서 활동했던 여러 분야 예술가의 비공식적 모임이다.

머지 세 번째 곡까지 완성했습니다. 드뷔시는 그 시대 다른 작곡가들과 마찬가지로 피아노 교습이나 기고를 통해 수입을 충당했습니다. 드뷔시는 38세가 되던 해에는 1년 동안 '무슈 크로체'라는 필명으로 음악 평론가로서 《라 르뷔 블랑슈》라는 매체에 기고를 했습니다. 그렇게 평론을 통해 평가한 음악인들로 작곡가 생상스, 지휘자 니키슈 같은 사람들이 있었고요.

로마 유학 중 드뷔시가 세 번이나 파리로 돌아가 찾을 정도로 끈끈했던 바스니에 부인과의 관계는 파리로 돌아온 해에 끝난 것이나 마찬가지였습니다. 그때부터 연락조차 주고받지 않았거든요. 바스니에 부인과의 관계가 끝나고 3년 뒤에는 재봉사의 딸인 뒤퐁과 연애와 동거를 했고요. 하지만 드뷔시는 무척 바람둥이였고, 뒤퐁과의 동거 기간 동안에도 가수였던 로제와 바람을 피웠고, 그녀와 약혼을 공식적으로 발표하기도 했습니다. 드뷔시는 두 여자에게 무책임한 행동을 한다고 익명의 투서를 받기도 했으며, 사생활 문제 때문에 후원자와 친구들을 포함한 주변인들을 많이 잃게 되었습니다. 하지만 그렇게 주변인들을 잃어가면서까지 했던 약혼도 결실을 맺지 못하고 파혼했습니다. 37세의 드뷔시는 9년간 함께 한 뒤퐁을 저버리고, 그녀의 친구인 텍시에와 결혼했습니다. 자신의 친구와 애인이 결혼한 것을 알게 된 뒤퐁은 자살을 시도했지만 다행히 미수에 그쳤습니다. 드뷔시의 첫 번째 아내 텍시에는 재봉사였는데, 음악적 감수성이 있거나 그의 음악적 세계를 이해해줄 수 있는 여성이 아니었기에, 두 사람의 결혼은 5년간 위태롭게 지속됐습니다.

텍시에와의 결혼생활 중이었던 드뷔시는 엠마라는 여성과 사랑에 빠졌습니다. 엠마는 드뷔시의 학생이었던 바르닥의 어머니였죠. 두 사람은 만나자마자 서로에게 끌렸습니다. 엠마가 매력적인 여성일 수밖에 없었던 것은 몇 년 전까지 작곡가 포레의 뮤즈였으며 가수였거든요. 드뷔시는 아내를 처가로 보낸 후, 엠마와 노르망디 지역에 위치한 영국령 저지섬으로 신분을 숨기고 여행을 떠났습니다. 그는 여행 중에 아내에게 편지를 쓰긴 했으나 엠마에 대한 것은 한 마디도 언급하지 않았습니다. 파리로 돌아와서도 그는 다른 지역에 자신만의 집을 구했고요. 결국 5번째 결혼기념일을 닷새 앞둔 날, 남편의 외도를 알게 된 텍시에는 권총으로 자살 시도를 했습니다. 다행히 목숨을 잃지는 않았지만, 총알은 죽을 때까지 그녀의 척추 안에 남아 있게 되었습니다. 이 사건으로 인해 드뷔시는 주변의 많은 사람들을 잃게 되었는데, 그의 친구 사티만큼은 드뷔시의 곁을 떠나지 않았습니다.

결국 드뷔시는 이혼을 했습니다. 전처의 자살 시도로 파리 사람들이 그를 대하는 태도가 무척 좋지 않았기 때문에 임신 중이었던 엠마와 함께 영국의 이스트본으로 떠났습니다. 그는 영국에 머물면서 〈관현악을 위한 교향적 스케치-바다〉를 마무리했죠. 이 곡은 일본의 유명 화가인 호쿠사이의 〈가나가와 해변의 높은 파도 아래〉라는 그림을 보고 영감을 얻어 작곡하기 시작한 지 2년 만에 완성한 것이었습니다. 처음 곡을 시작했던 것은 첫 번째 아내 텍시에의 친정이 위치한 부르고뉴 지방에서였습니다. 곡을 시작할 때는 전처와 함께였고, 2년 뒤 마무리할 때는 엠마와 함께였습니다.

드뷔시는 영국에서 파리로 돌아와 불로뉴 숲과 집을 사서 이사했습니다. 드뷔시는 43세부터 생을 마감하는 55세까지 그 집에서 살았습니다. 이사하고 다음 달에는 딸 클로드-엠마 드뷔시(애칭 슈슈)가 태어났습니다. 드뷔시는 늦게 얻은 딸을 끔찍이 아꼈습니다. 모음곡 〈어린이 세계〉를 작곡해서 딸에게 헌정할 정도였어요. 슈슈를 낳은 엠마와는 3년 뒤에 정식으로 결혼했습니다. 워낙 두 사람의 결합에 대해 부정적인 시선이 많았고, 전 남편과의 이혼이 마무리된 후에 결혼하게 된 것이라 오랜 시간이 걸렸습니다. 어렵게 맺어진 만큼 드뷔시와 엠마, 그리고 슈슈가 오래도록 행복하게 살았으면 좋았겠지만, 슈슈 또한 오래 살지 못했습니다. 디프테리아 바이러스에 걸려 아버지 드뷔시보다 고작 1년을 더 살고 13세의 나이로 죽고 말았거든요.

드뷔시와 딸 슈슈(1915년)

    결혼으로 개인적인 안정을 찾자, 드뷔시의 음악 활동도 추진력을 얻기 시작했습니다. 포레의 추천으로 모교 파리 국립 음악원의 집행위원으로 위촉되기도 했으며, 46세가 되던 해에는 〈목신의 오후에의 전주곡〉과 〈3개의 교향적 녹턴〉을 런던 퀸스홀에서 직접 지휘하여 성공을 이끌어내면서 그 지위가 탄탄해졌습니다. 다음 달에 코벤트 가든에서 열린 〈펠레아스와 멜리장드〉의 런던 첫 공연에도 참석했고요. 이렇게 영광의 시작점에 섰을 때, 운명의 장난처럼 드뷔시는 직장암 판정을 받았습니다. 하지만 그는 계속해서 작곡을 비롯한 음악 활동을 이어나갔고요. 드뷔시의 작품들은 인기를 얻어 점점 더 많은 공연의 기회를 얻었습니다. 직접 부다페스트를 방문한 드뷔시는 자신의 곡이 파리보다 부다페스트에서 인기가 더 많다는 것을 확인하기도 했습니다. 당시에 작곡가보다 지휘자로서 더 많이 알려졌던 구스타프 말러의 경우, 뉴욕에서 드뷔시의 〈목신의 오후에의 전주곡〉과 〈3개의 교향적 녹턴〉을 연주했습니다.

49세가 되던 해에는 러시아의 발레 뤼스를 이끌던 무용수 디아길레프가 새로운 발레곡 〈유희〉를 의뢰해 왔습니다. 이 곡은 드뷔시의 마지막 교향악곡으로 남았지만, 당시에는 큰 반향을 불러일으키지 못했습니다. 디아길레프가 〈유희〉의 초연 2주 후 스트라빈스키의 대표 작품인 〈봄의 제전〉을 발표하면서 묻혀버렸거든요.

직장암으로 고통받고 있던 53세의 드뷔시는 인공 항문 수술을 받았습니다. 수술은 성공적이었으나 통증은 여전해서 모르핀 같은 진통제를 사용해야만 했고, 그는 좌절감을 느꼈습니다. 이 무렵 가깝게 지내던 선배 작곡가 생상스와 날 선 대립에 시달리기도 했습니다. 생상스가 드뷔시의 피아노 소품 〈흑과 백〉을 비판했거든요. 이전 해에 발발한 제1차 세계대전은 계속해서 격화되었고, 전쟁과 함께 그의 건강도 점점 악화되어 갔습니다.

드뷔시는 그의 〈바이올린 소나타〉 첫 공연 때 피아노를 직접 연주한 것을 마지막으로, 공식적인 음악 활동을 마무리했습니다. 그리고 다음 해 초부터는 거동조차 힘들어 침대에서만 머물 수 있을 정도로 쇠약해진 상태로 지내다가, 55세의 나이에 파리의 자택에서 죽음을 맞이했습니다. 그가 세상을 떠나던 날은 독일군의 폭격이 파리에 퍼붓던 날이었습니다. 전쟁 중이라 별다른 추모 행사는 허락되지 않았으며, 유해는 페르 라셰즈 공동묘지에 임시로 안장되었다가 다음 해 파시 공동묘지로 이장했습니다. 그리고 훗날 죽은 딸 슈슈와 엠마 또한 이 묘지에 함께 묻혔습니다.

대표 음악

· 작은 모음곡 L.65(Petite Suite, L.65)

· 목신의 오후에의 전주곡 L.86(Prélude à L'aprésmidi D'un Faune, L.86)

· 녹턴 L.91(Nocturnes, L.91)

· 바다 - 세 개의 교향적 스케치 L.109(La mer - Trois Esquisses Symphoniques Pour Orchestre, L.109)

· 관현악을 위한 영상 L.122(Images Pour Orchestre L.122)

· 현악 4중주곡 G단조 L.85 Op.10(Quatuor à Cordes en Sol Mineur, L.85 Op.l0)

· 바이올린 소나타 G단조 L.140(Sonate Pour Violon en Sol Mineur, L.140)

· 《베르가마스크 모음곡》 L.75(Suite Bergamasque, L.75)

· 판화 L.100(Estampes, L.100)

· 기쁨의 섬 L.106(L'isle joyeuse, L.106)

· 《어린이 세계 모음곡》 L.113(Children's Corner, L.113)

· 《전주곡 1집》 L.117 · 《전주곡 2집》 L.123(Prélude Book 1, L.117 · Prélude Book 2, L.123)

· 성 세바스티앙의 순교 L.124(Le Martyre De Saint Sebastien, L.124)

· 잊어버린 노래 L.60(Ariettes oubliées, L.60)

· 펠레아스와 멜리장드 L.88(Pelléas et Mélisande, L.88)

추천 음악

 메나헴 프레슬러(피아노) - 드뷔시: 《베르가마스크 모음곡》 L.75 中 세 번째 곡 '달빛'

라벨

: 프랑스 음악이라는 보석의 정교한 세공인

모리스 라벨(Joseph Maurice Ravel, 1875~1937)

라벨은 1875년 스페인 국경과 가까운 프랑스의 남서부 바스크 지방에서 태어났습니다. 아버지는 스위스계 공학자이자 발명가였고, 어머니는 스페인의 바스크 자치주 출신으로, 마드리드에서 성장해서 스페인 문화를 잘 알고 있었습니다. 부모 둘 다 가톨릭 신자로 아들이 태어난 지 6일 뒤에 세례를 주었고, 3개월이 지난 후에는 파리로 이주해서 가정을 꾸렸습니다. 그리고 얼마 지나지 않아 3살 터울의 남동생도 태어나 더 행복해졌습니다. 동생은 아버지와 가깝게 지내며 성장했고, 큰아들인 라벨은 어머니와 가깝게 지내며 성장했습니다. 그래서 그는 어머니의 뿌리인 스페인-바스크의 문화를 익힐 수 있었습니다. 어머니가 어린 라벨을 끌어안고 불러준 민요는 훗날 그의 음악 세계에 큰 영향을 미쳤죠. 두 형제는 부유하지는 않았지만 부모의 사랑 아래 행복하게 성장했습니다. 아버지는 자신의 일을 아들들에게 물려주고 싶어 했지만, 어

린 라벨은 음악을 포함한 문화 전반에 관심이 더 많았습니다. 다행히도 그의 아버지도 어머니도 모두 음악을 좋아했기 때문에 아들의 관심을 넓히고 계발해주는 데 적극적이었고요.

라벨이 어렸을 때 공교육을 비롯한 정규 교육을 받은 기록은 남아 있지 않지만, 라벨의 전기 작가는 어린 시절의 라벨이 아버지로부터 기초적인 음악 교육을 받았을 수도 있다고 추정했습니다. 또 만 7세부터는 작곡가 샤브리에의 친구인 기스에게 피아노 교육을 받았고, 5년 뒤에는 작곡가 들리브의 제자인 샤를-르네 베리오에게 화성학을 배웠습니다. 어린 라벨은 소위 말하는 천재나 영재는 아니었지만, 음악적 감각이 뛰어난 학생이었습니다. 선생이었던 르네는 '천부적인 재능을 가지고 있지는 않지만, 음악적 행위가 모두 자연스러운 학생'이라고 설명했거든요. 13세 즈음 작곡한 피아노 소나타 형식의 〈슈만 주제에 의한 변주곡〉, 〈그리그 주제에 의한 변주곡〉과 같은 작품을 보면 이른 나이에 꽃피운 그의 재능이 반영되어 있습니다.

그 무렵 젊은 스페인 피아니스트인 비녜스를 만났습니다. 그는 라벨의 남은 일생 동안 친구가 되었을 뿐 아니라, 음악적 동반자이자 예술의 동반자였습니다. 바그너의 음악을 함께 감상했고, 보들레르, 앨런 포, 말라르메와 같은 프랑스 작가들의 작품도 함께 공유했습니다.

14세가 된 라벨은 부모님의 격려에 힘입어 고등 음악 교육 기관인 파리 음악원에 입학 시험을 치렀습니다. 쇼팽의 마지막 제자인 데콩브와 함께 준비한 쇼팽의 곡을 연주해서 피아노과에 입학 허가를 받았고요. 또한 데콩브 제자의 음악회에서 연주하며 대중 앞에 데뷔도 했습니다.

라벨이 음악원에 입학한 해에 파리에서 만국 박람회가 열렸는데, 이때 라벨은 러시아의 작곡가 림스키-코르사코프의 새로운 음악을 듣고 무척 충격에 빠졌습니다. 그가 음악원에 입학하고 2년간 수업을 받았지만, 음악원의 피아노 콩쿠르에서 우승한 것을 제외하면, 크게 우수함이 도드라지는 학생은 아니었다고 합니다. 하지만 이 시기의 수학이 결코 헛된 것은 아니었습니다. 피아노만 전공하는 데 그치지 않고, 샤를-빌프리드 베리오의 화성학 수업도 함께 들었습니다. 문제는 라벨의 음악적 색채가 음악원의 교육 방향과 무척 달랐다는 것이었습니다. 화성학 교수인 빌프리드 베리오가 보기에 라벨은 라벨만의 용어로 가르쳐야 하는 학생이었거든요. 하지만 대부분의 음악원 교수가 생각하기로는 음악원의 교육 방식에 반하는 문제 학생이었을 뿐이었고, 결국 라벨은 낙제를 거듭하다가 20세의 나이로 음악원에서 퇴학을 당했습니다.

음악원을 나온 라벨은 새로운 목표를 설정했습니다. 친구들 같은 피아니스트가 되기보다 작곡가로 전향을 결정한 것이었죠. 그리고 작곡에 몰두했습니다. 그리고 이 시기에 선배 작곡가인 사티를 만나게 되는데, 이 만남은 그에게 큰 영향을 미쳤습니다. 사티의 새로운 음악적 시도는 그에게 새로운 영감을 불어넣어 주었거든요. 파리 음악원을 나온 지 2년이 흘렀고, 라벨은 음악원에 다시 입학했습니다. 이번에는 작곡과로 입학했죠. 당시 담당 교수였던 포레는 이전의 음악원 교수들과 다르게 그에 대해 좋은 평가를 내렸습니다. 하지만 포레를 제외한 음악원 교수들은 여전했습니다. 음악원장이었던 뒤부아의 경우는 더 심했고요. 결국 포레를 제외한 나머지 교수에게 좋은 평가를 받지 못했고, 라벨은 3년 만에 또다시 퇴학당했습니다. 그래서 음악원을 포기하기까지 3년 동안, 그는 포레의 수업에 청강생 자격으로 참석할 수밖에 없었고요.

그런데 음악원 생활이 마냥 나쁘기만 했던 것은 아니었습니다. 음악원으로 돌아오고 2년 뒤, 스페인의 왕녀가 세상을 떠난 것을 추모하기 위해 그 왕녀에게 헌정한 관현악곡 〈죽은 왕녀를 위한 파반〉이 널리 알려지게 되면서 라벨의 이름이 대중들에게 알려졌거든요. 이렇듯 라벨은 쉽지 않은 과정을 겪었지만, 음악원에서 시행착오를 통해 작곡가로서 세상에 나올 준비를 마쳤습니다.

또한 이 시기의 라벨은 젊은 시인, 비평가, 음악가 같은 예술가들과 '레 자파슈' 모임을 만들어 비정기적으로 만났습니다. 이때부터 시작하여 제1차 세계대전이 시작되기 전까지 그들은 꾸준히 모임을 가졌죠. 러시아의 작곡가 스트라빈스키의 음악, 스페인의 작곡가 데 파야, 그리고 라벨의 음악원 선배인 드뷔시의 음악 등이 그들 모임의 중심 아이템이었습니다. 라벨과 드뷔시는 큰 접점을 갖기 힘들었습니다. 드뷔시의 나이가 라벨보다 13살이나 많았다는 것도 그 이유 중 하나였죠. 두 사람은 가까운 관계는 아니었으나 10년 넘게 꾸준히 교류했습니다. 두 사람은 서로의 음악적 특징을 그리 좋아하지 않았지만 서로의 스타일을 존중하며 영향을 주고받았다고 합니다.

26세가 되던 해, 라벨은 프랑스의 젊은 작곡가들을 대상으로 한, 권위 있는 경쟁 대회인 로마 대상에 지원했습니다. 이 대회에서 우승하면 로마 유학 기회가 주어졌죠. 선배 작곡가인 베를리오즈, 구노, 비제, 마스네, 드뷔시도 이 대회에서 우승하여 로마 유학의 혜택을 받았습니다. 첫 번째 출품 때는 예선 탈락, 다음 해에 두 번째 출품 때는 라벨의 작품이 2위에 머물렀습니다. 이후 두 번은 입상에 실패했습니다. 그리고 마지막 다섯 번째 출품 때는 두 번째 예선에서 탈락을 겪게 되었지요. 이 때문에 로마 대상은 스캔들에 휩쓸리게 됩니다. 라벨은 〈물의 유희〉나 〈현악 4중주〉와 같은 독특한 작품들을 세상에 발표해서 이미 세상에 실력 있는 신인 작곡가로 이름을 알리고 있는 상황이었기 때문에 예선 탈락은 대중이 이해하기 힘든 결과였습니다. 처음에 '뭔가 수상하다.' 정도였던 의혹은 심사위원이자 파리 음악원 수석교수였던 르네브의 학생이 결승에 남게 되자 건잡을 수 없이 큰 문제로 불거졌습니다. 소위 '라벨 사건'이라고 불린 이 사건은 음악원장 뒤부아의 경질과 정부의 음악원 감사로 마무리되었습니다. 공석이 된 음악원장의 자리는 라벨의 스승 포레가 대신하게 되었고요.

　20대 후반에서 30대 초반 시기의 라벨은 작품을 꾸준히 세상에 내놓았고, 그 결과도 성공적인 편이었습니다. 앞서 언급했던 〈죽은 왕녀를 위한 파반〉을 비롯해 〈하바네라 형식의 소품〉, 〈바다 위의 조각배〉, 〈어미 거위〉, 〈우아하고 감상적인 왈츠〉, 〈어릿광대의 아침 노래〉처럼 대부분 피아노를 위해 작곡했던 곡들을 오케스트라를 위한 곡으로 편곡하여 내놓고는 했죠. 그런 한편 제자를 몇 명 두고 지도하기도 했습니다. 로장탈, 본 윌리엄스가 그의 아래서 수학했습니다. 34세가 되던 해, 라벨은 제자 본 윌리엄스의 초청으로 런던에서 첫 연주회를 가졌습니다. 이 연주회를 계기로 프랑스를 넘어 국제적인 명성을 쌓게 되었죠.

　작곡가로서 그리고 연주자로서 활동하는 것과 함께, 그는 새로운 음악가 조직 '독립음악협회'를 만들었습니다. 스승인 포레를 대표로 하고, 라벨을 비롯한 포레의 제자들이 중심이 된 단체였습니다. 이 단체는 이전에 보수적인 프랑스 음악가들이 주체가 된 국립음악협회의 반대편에 있는 단체였습니다. 그는 프랑스 음악계에 새로운 바람을 불어넣고자 하는 동료들과 함께 음악회를 열며 활발한 활동을 이어갔습니다. 오페라와 발레 음악 등 장르도 다양했고 새로운 시도를 한 음악들로 내용을 채웠습니다.

　특히 라벨이 37세에 완성한 발레 음악 〈다프니스와 클로에〉는 이 무렵 파리에 기반을 둔 러시아 발레단의 단장 디아길레프의 의

뢰로 제작한 곡이었는데, 라벨 본인이 각별하게 여긴 대표작으로 지금은 발레극보다 관현악곡의 형태로 많은 관객에게 사랑받고 있습니다. 러시아 작곡가 스트라빈스키의 〈봄의 제전〉처럼 말이죠. 다음 해에는 스트라빈스키와 함께 무소르그스키의 미완성 오페라 〈호반시치나〉의 작업을 함께하기도 했습니다.

이렇게 라벨이 대중적으로 활동하고 있는 동안, 제1차 세계대전이 발발했습니다. 독일은 프랑스를 침공했고, 많은 남성이 조국을 지키기 위해 군에 입대했죠. 39세의 라벨도 마찬가지였습니다. 처음에는 공군에 자원입대했지만, 그의 나이와 건강상의 문제 때문에 거부당했습니다. 몇 차례나 자원입대 신청을 하고 거절을 당하는 과정을 거친 후에, 결국 그는 40세의 나이로 포병 트럭 운전사로 입대합니다. 그의 업무는 군수품을 옮기는 일이었는데, 밤중에 독일군 폭격을 뚫고 임무를 수행해야 하는 날도 있어 상당히 위험한 보직이었습니다. 이 시기 라벨은 어머니의 건강이 악화된 것과 전쟁의 참상 등 여러 가지 이유로 불면증과 소화불량을 겪었으며, 유행성 이질과 동상을 겪기도 하는 등 전쟁 동안 건강이 좋지 않았습니다. 결국 그의 어머니는 전쟁이 끝나기 전에 세상을 떠났습니다. 라벨은 큰 절망에 빠졌고, 전쟁이 길어지면서 많은 동료도 세상을 떠났죠. 전쟁으로 슬픔과 절망을 겪은 그는 이 시기 〈쿠프랭의 무덤〉을 작곡하여 전쟁으로 희생된 이들에게 헌정했습니다.

제1차 세계대전이 끝나자 라벨도 다시 일상으로 돌아왔습니다. 하지만 전쟁 후유증이 너무나도 컸습니다. 육체적으로도 정신적으로 깊은 상처를 입어 이전의 왕성했던 창작 활동이 소극적으로 줄어들게 되었습니다. 그럼에도 불구하고 드뷔시의 죽음 이후 라벨은 프랑스 음악계를 이끄는 작곡가로 손꼽히게 되었고, 45세가 되던 해에 프랑스 최고의 훈장인 '레지옹 도뇌르' 훈장을 제의받을 정도로 그의 위치는 확고했습니다. 하지만 훈장은 거절했다고 해요. 젊은 시절부터 프랑스 음악계의 주류 세력으로부터 배척을 받아온 피해자의 입장인데, 피해자로서 훈장을 받으면 '로마 대상 스캔들' 같은 피해 사실이 흐려질까 염려해서였죠. 또 예술가는 정치와 사회적 명예 없이도 존재할 수 있다는 신념을 가지고 있었기 때문이기도 했습니다. 제1차 세계대전 직후 라벨의 음악적 활동은, 전범국 독일 출신의 말러와 리하르트 슈트라우스의 대척점에서 활동한 것이라고 한줄 요약이 가능합니다. 그의 조국 프랑스는 전쟁 피해 국가였고, 프랑스 음악계는 독일의 음악과 맞서 싸우는 중이었거든요. 그 선두에 라벨이 있었고요. 그의 음악은 웅장하고 복잡한 독일 음악과 정반대로 작고 섬세하고 깔끔한, 작은 보석처럼 정교하고 우아하고 명확한 아름다운 소리를 중시했습니다.

르 벨베데르의 발코니에서의 라벨

세월이 지나면서 사티, 드뷔시, 라벨의 아래 세대인 '6인조*'가 대두되고, 새로운 음악적 움직임이 만들어졌습니다. 사티는 라벨이 레지옹 도뇌르 훈장을 거절한 것에 대해 비판했지만, 라벨은 여전히 초창기 사티의 음악을 존경하며 따르려 노력했습니다. 사티가 자신에 대한 태도를 바꿨음에도 일관되게 그를 존경했던 것이죠. 또 디아길레프를 위해 또 다른 곡인 〈라 발스〉를 작곡했습니다. 발레 음악을 위해 작곡한 곡이었지만, 디아길레프는 '이 곡은 걸작이나 발레를 위한 곡은 아닌 것 같다.'며 정중히 거절했습니다. 이 일을 계기로 라벨과 디아길레프의 협업은 중지되었습니다.

도시 생활에 지친 라벨은 파리의 서쪽 근교 마을로 이사했습니다. '아름다운 경치를 볼 수 있는 곳'이라는 뜻을 가진 '르 벨베데르'라는 이름이 붙은 이 집에서 작곡을 하거나 정원을 가꾸며 여유로

---

* 에릭 사티를 정신적 스승이자 멘토로 삼아 파리 몽파르나스 지구에서 활동한 여섯 명의 작곡가. 조르주 오리크(Georges Auric, 1899~1983년), 루이 뒤레(Louis Durey, 1888~1979년), 아르튀르 오네게르(Arthur Honegger, 1892~1955년), 다리우스 미요(Darius Milhaud, 1892~1974년), 프랑시스 풀랑크(Francis Poulenc, 1899~1963년), 제르맨 타이페르(Germaine Tailleferre, 1892~1983년)를 이른다.

운 시간을 가졌습니다. 46세에 이사 와서 62세에 눈을 감을 때까지 말이죠.

40대 중반부터 50대 중반까지의 그의 음악은 재즈에 영향을 받은 것과 무조성주의*로 요약할 수 있습니다. 이 시기 대표적인 그의 작품들로는 무소르그스키의 피아노곡인 〈전람회의 그림〉을 관현악곡으로 편곡한 것과 오페라 〈어린이와 마법〉, 〈콜레트〉, 바이올린 소나타인 〈집시〉를 꼽을 수 있고요. 그리고 이 시기에는 활발하게 연주 활동을 했습니다. 거점 지역인 파리를 비롯하여 스웨덴, 덴마크, 미국, 스페인, 캐나다, 오스트리아, 이탈리아 등 여러 국가로 연주를 위해 여행을 떠났고, 이 활동으로 인해 새로운 창작 에너지가 생기고 영감을 받기도 했죠. 특히 52세 때 떠난 북미 지역 투어는 라벨에게 큰 의미가 있었습니다. 4개월간 25개 도시를 돌면서 수많은 관객과 평론가들을 만났고, 모두 하나같이 그의 연주에 찬사를 보냈죠. 또 미국 작곡가 거슈윈을 만나기도 했습니다.

이 시기 라벨이 발표한 곡 중 가장 유명한 작품이자 그의 음악 인생 중 가장 유명한 작품일 〈볼레로〉는 무척 실험적인 작품이었습니다. 라벨은 이 곡을 두고 프랑스 6인조의 멤버인 오네게르에게 "내 일생 유일한 걸작은 〈볼레로〉지만, 불행히도 그 안에는 음

---

* 모든 조성을 망라하여 조성 중심이 없는 음악 양식.

악이 없다."고 말할 정도로 볼레로에 가진 애착이 남달랐습니다. 그는 〈볼레로〉가 감정의 발전이나 기승전결이 없는 실험적 결과물이라 여겼고, 음악 작품이라고 여기지 않았습니다. 실제로 '오케스트라 효과를 위한 연습곡'이나 '관현악적인 짜임새를 위한 실험'이라고 불렀는데, 대중의 인기를 끈 것이 아이러니한 상황이었죠. 곡이 완성된 후 첫 연주회 때의 에피소드는 무척 유명합니다. 연주 도중 청중석에서 한 노인이 일어나 "쓰레기! 졸작!"이라고 외친 것을 제외하면 청중의 반응은 열광적이었고 평단의 반응도 훌륭했습니다. 작품은 큰 성공을 거뒀죠. 이런 예상치 못한 반응 때문에 라벨은 어리둥절했지만요. 라벨은 그 노인만이 볼레로의 핵심을 파악했다고 인정하며 쓸쓸하게 웃었습니다.

50대 후반이 된 라벨은 두 개의 피아노 협주곡을 완성했습니다. 〈왼손을 위한 피아노 협주곡〉은 제1차 세계대전 때 오른팔을 잃은 오스트리아인 피아니스트 비트겐슈타인을 위해 작곡한 곡이었습니다. 오스트리아의 빈에서 처음 대중에게 공개된 이 곡은 이듬해에 비트겐슈타인을 라벨과 함께 파리로 이끌었고, 연주 또한 성공을 거뒀습니다. 또 〈피아노 협주곡 G장조〉도 큰 성공을 거뒀습니다. 유럽의 20개가 넘는 도시로 연주 여행에, 작곡자이자 지휘자인 라벨이 함께 녹음하는 계획까지 세울 정도였죠.

하지만 58세가 되던 해 10월에 갑작스러운 교통사고를 당해 머리를 크게 다치면서 라벨의 건강은 무척 나빠졌습니다. 단기 기억 상실과 함께 실어증을 앓았으며 여러 가지 병중이 겹쳐 나타났습니다. 그는 이 사고 직전까지 영화 〈돈키호테〉의 음악을 작업하고 있었으나 사고로 인한 병중으로 제작 기한을 맞추지 못했고, 결국 다른 음악가에게 작업이 넘어가게 되었습니다. 이후 그의 작곡 활동을 비롯한 음악 활동은 완전히 멈췄습니다. 현대 뇌신경 전문의들은 이 시기 라벨이 앓았던 병을 전두측두엽 치매나 알츠하이머, 크로이츠펠트-야콥병 등으로 추측하지만 라벨이 앓았던 병명을 정확히 알 수는 없습니다. 건강이 급격히 나빠짐에 따라 라벨은 파리의 저명한 신경외과의의 권유로 뇌수술을 받았지만 실패했습니다. 그는 잠시 회복세를 보이는 듯했지만 이내 혼수상태에 빠졌고, 얼마 지나지 않아 62세의 나이로 세상을 떠나고 말았습니다. 유해는 파리 북서쪽에 위치한 르발루아-페레 교회의 묘지에 있는 그의 부모님 곁에 묻혔습니다.

대표 음악

· 고풍스러운 미뉴에트 Op.7(Menuet Antique, Op.7)
· 죽은 왕녀를 위한 파반 Op.19(Pavane pour une infante défunte, Op.19)

· 《거울》 모음곡 Op.43(Miroirs, Op.43)

· 《어미 거위》 모음곡 Op.60(Ma Mere l'oye, Op.60)

· 우아하고 감상적인 왈츠 Op.61(Valses Nobles et Sentimentales, Op.61)

· 《쿠프랭의 무덤》 모음곡 Op.68(Le Tombeau de Couperin, Op.68)

· 교향시 〈스페인 광시곡〉 Op.54(Rapsodie espagnole, Op.54)

· 발레 모음곡 《다프니스와 클로에》 Op.57(Daphnis et Chloé, Op.57)

· 발레곡 〈라 발스〉 Op.72(La valse, Op.72)

· 무곡 〈볼레로〉 Op.81(Boléro, Op.81)

· 왼손을 위한 피아노 협주곡 D장조 Op.82(Piano Conco in G Majorr,
  Op.83)

· 〈서주와 알레그로 Gb장조〉 Op.46(Introduction and Allegro G flat
  Major, Op.46)

· 피아노 3중주곡 A단조 Op.67(Piano Trio in A Minor, Op.67)

· 물의 유희 Op.30(Jeux d'eau, Op.30)

· 소나티네 Op.40(Sonatine, Op.40)

· 〈밤의 가스파르〉 Op.55(Gaspard de la nuit, Op.55)

추천 음악

 리오넬 브랑기에(지휘), 라디오 프랑스 필하모닉 오케
스트라 - 라벨: 볼레로 Op.81